Beck'sche Reihe
BsR 1032

Im Winter 1992/93 veranstaltete die Humboldt-Universität zu Berlin eine Vortragsreihe mit dem Titel „Wahrnehmungen. Zum deutschen Befinden in Ost und West". Es sprachen Politiker, Journalisten und Schriftsteller: Rainer Eppelmann, Richard Schröder, Wolfgang Thierse, Peter Bender, Peter Merseburger, Jürgen Fuchs und Helga Schubert. Die Vorträge zeigen, welche unterschiedlichen Traditionen und Mentalitäten, Lebenserfahrungen und Selbstdeutungen die Beziehungen von Ost und West belasten, und wollen gerade dadurch das wechselseitige Verstehen ermöglichen.

Die unterschiedlichen Perspektiven der Vorträge finden ihren Ausdruck auch in einer jeweils unterschiedlichen sprachlichen Form und Redeweise. Deshalb wurde bewußt darauf verzichtet, den Stil der unmittelbaren mündlichen Rede einiger Beiträge zu glätten und abzuschwächen.

Wolfgang Hardtwig und *Heinrich August Winkler* sind Professoren für Geschichte an der Humboldt-Universität zu Berlin.

Deutsche Entfremdung

Zum Befinden in Ost und West

Herausgegeben von
Wolfgang Hardtwig und Heinrich A. Winkler

VERLAG C.H. BECK MÜNCHEN

Die Deutsche Bibliothek – CIP-Einheitsaufnahme

Deutsche Entfremdung : zum Befinden in Ost und West / hrsg. von Wolfgang Hardtwig und Heinrich A. Winkler. – Orig.-Ausg. – München : Beck, 1994
(Beck'sche Reihe ; 1032)
ISBN 3 406 37422 0
NE: Hardtwig, Wolfgang [Hrsg.]; GT

Originalausgabe
ISBN 3 406 37422 0

Umschlagentwurf und Umschlagillustration: Uwe Göbel, München

Satz: Fotosatz Otto Gutfreund GmbH, Darmstadt
Druck und Bindung: C. H. Beck'sche Buchdruckerei, Nördlingen
Gedruckt auf säurefreiem, aus chlorfrei gebleichtem Zellstoff hergestelltem Papier
Printed in Germany

Inhaltsverzeichnis

Einleitung: Deutsche Entfremdung

Der deutschen Vereinigung folgt – man muß es wohl so formulieren – erst einmal eine neue deutsche Entfremdung. In den vergangenen vier Jahren hat sich gezeigt, daß die politische und rechtliche Einigung jene Trennung der Deutschen nicht kurzfristig aufheben konnte, die in den viereinhalb Jahrzehnten seit 1945 entstanden war. Die Spannungen und Krisen, die der so abrupt und unvorbereitet über die Nation hereingebrochene Vereinigungsprozeß mit sich bringt, legt vielmehr erst mit aller Deutlichkeit die tiefgehenden Unterschiede der Mentalitäten, Verhaltens- und Denkweisen in Ost und West frei. Sie haben sich in der getrennten Geschichte der beiden deutschen Gesellschaften herausgebildet, und sie scheinen sich – diesen Eindruck jedenfalls kann man gewinnen – unter dem Druck der ökonomischen und psychosozialen Einigungslasten zunächst eher zu verschärfen als abzubauen. Sie treten jedenfalls deutlicher zutage. Die staatliche Einigung ist mit atemberaubendem Tempo vollzogen worden, sehr viel schneller, als sich die fundamentalen Orientierungen, die Bindung an bestimmte Normen und Leitbilder, an un- oder halbbewußte politikbezogene Verhaltensweisen und Denkweisen ändern können. Dem Rechtsakt der staatlichen Einigung muß jedoch so bald wie möglich die ökonomische und kulturelle Vereinigung, die Gleichheit der Lebenschancen und jener politische Grundkonsens folgen, der allein die demokratische, politische Ordnung auf Dauer funktionstüchtig hält und ihre unbestrittene Geltung sichert. Das kann nur gelingen, wenn sich die Deutschen in Ost und West darüber verständigen, welche Wertmaßstäbe und Normen sie für die gemeinsame Gesellschaft als verbindlich anerkennen wollen.

Eine solche Verständigung setzt allerdings voraus, daß die unterschiedlichen, durch konträre politische Sozialisationen entstandenen Denk- und Verhaltensweisen wirklich wahrgenommen und als gegeben anerkannt werden. Es geht also zunächst einmal darum, die Spannungen, die sich aus der Überschneidung höchst unterschiedlicher politischer Mentalitäten und Kulturen, Traditionen und Erfahrungen von Freiheit und Unterdrückung, persönlicher Lebensperspektiven, den unterschiedlichen Gewohnheiten individueller und kollektiver Selbstdeutung ergeben, möglichst präzise und vorurteilsfrei zu beschreiben und zu analysieren. Erst dann gewinnt jener auf politische Urteilsfähigkeit, Interessenwahrung und Solidaritätsbereitschaft begründete Grundkonsens Stabilität und Dauerhaftigkeit, auf den eine demokratische Ordnung angewiesen ist.

Die hier vorgelegten Beiträge sind im Rahmen einer Vortragsreihe entstanden, die das Institut für Geschichtswissenschaften an der Humboldt-Universität zu Berlin im Wintersemester 1992/93 veranstaltet hat. Sie wollen die Probleme der Vereinigung offen benennen und analysieren, die Diskussion über kritische Fragen versachlichen und neben dem Trennenden auch Aspekte der gemeinsamen Identität und ihres Wandels zur Sprache bringen. Sie behandeln die Grundprobleme der politischen, sozialen und kulturellen Existenz, die das Zusammenleben der Deutschen derzeit belasten. Sie verweisen auf die mehr oder weniger sublimen Mechanismen, mit deren Hilfe der autoritäre Staat seine Bürger um die Chance der individuellen Selbstbestimmung gebracht hat. Sie machen deutlich, daß Nicht-Anpassung auch in der DDR in viel höherem Maß möglich war, als es gängigen westdeutschen Vorstellungen entspricht. Die Herausgeber hoffen, daß dieser Band, indem er die deutsche Entfremdung besser zu begreifen hilft, auch zu ihrer Überwindung beiträgt.

Wolfgang Hardtwig Heinrich August Winkler

Wolfgang Thierse

Wahrnehmungen zum deutschen Befinden in Ost und West

Wahrnehmungen zum deutschen Befinden in Ost und West – ich erlaube mir, dieses Thema mit einer kleinen persönlichen Erinnerung zu eröffnen, mit der Erinnerung an den Sonntag vor einer Woche, den 8. November. Es begann wie im Herbst 1989. Ich ging mit Weib und Kindern zur Gethsemane-Kirche, und sie war so voll wie damals, ganz voll, und es wurde wieder gesungen, und es wurde aus dem Alten Testament gelesen, und am Schluß sang man wieder sehr leise, sehr verhalten jenes Lied, das wir im Herbst '89 öfter gesungen haben: „Dona nobis pacem". Es schien so, als sei da etwas wiedergekommen. Aber kaum draußen aus der Kirche merkte man, merkte ich: Die Atmosphäre ist anders. Wir waren doch eigentlich an dem Tag zusammengekommen, um eine elementare Gemeinsamkeit zu dokumentieren. Aber es wurde sehr schnell deutlich, so sehr groß ist die Gemeinsamkeit nicht mehr. Ein aggressiver Ton herrschte da schon, und wer wurde da alles attackiert! Und unterwegs gab es nicht nur phantasievolle Auftritte, etwa den jener Gruppe, die den bedrohten Artikel 16 darstellte, sondern auch andere, die anfingen, den oder jenen – Hauptsache, er sah aus wie ein Politiker oder war einer – zu beschimpfen. Und plötzlich bemerkte ich, es tut mir immer noch weh, daß ich ja plötzlich auch einer von *denen* da bin. Die, so war stundenlang zu hören, egal um wen es sich handelt, die Heuchler sind, Rassisten oder Mörder. Mit wutverzerrtem Gesicht wurde es von manchen entgegengeschleudert.

Bis hin zu dem Ende dieser Kundgebung und den Krawallen und den Eierwerfern – ich will das nicht überbewerten. Selbstverständlich ist Eierwerfen etwas anderes als Menschen anzuzünden. Diesen qualitativen Unterschied wollen wir nicht übersehen und auf die falsche Weise jetzt dramatisieren. Da ist nicht die Demokratie in Gefahr geraten an dem Tag, wie manche hinterher gesagt haben oder ein Kommentator: Das Ganze sei ein Kasperle-Theater gewesen. Wer so redet, macht auf mich den Eindruck, als würde er nur nach dem starken Mann rufen, der diese Kasper dann nimmt und mit den Köpfen zusammenschlägt, damit endlich *geordnet* und diszipliniert demonstriert wird. Nein, das ist für mich nicht das Problem. Sondern das Problem war – und deswegen habe ich mit der Erinnerung daran angefangen –, daß ein elementarer Unterschied zum Herbst '89 sichtbar wurde. Damals war das Wichtigste – vielleicht auch unsere Stärke – die entschlossene Friedfertigkeit unseres Tuns. Das hat ein bißchen mit dem „Dona nobis pacem" zu tun. Jedenfalls war das meine Erfahrung im Herbst '89. Es hatte gewiß auch mit unseren Ängsten zu tun, mit der damaligen Angst vor einer Staatsmacht, von der wir damals noch nicht wissen konnten, wie marode, wie zusammengebrochen, innerlich zusammengebrochen sie schon war. Wir waren also mit Absicht und aus Angst entschlossen friedfertig, und das war die wichtigste Gemeinsamkeit.

Und jetzt sehen wir, die Zeiten haben sich so geändert, daß genau dieses nicht mehr recht funktionieren will – noch nicht einmal bei einer Demonstration, die doch gar nicht verborgen hat, daß da Menschen zusammenkommen, die sehr unterschiedliche politische Meinungen haben – übrigens auch zu dem Thema, dessentwegen wir, auch ich, auf die Straße gegangen waren. Das war doch unübersehbar. Man brauchte nur die Plakate lesen und die Sprüche hören. Aber, daß es am Schluß fast am Rande des Mißlingens war, nämlich jene wichtige Absicht, uns wechselseitig zu zeigen, daß wir trotz aller Meinungsunterschiede quer über Parteien- und Gruppengrenzen hinaus in einem Punkt doch wieder übereinstimmen wollen – nämlich die Demokratie und die Verfassung zu verteidigen, die Grundrechte und die Menschlichkeit zu bewahren.

Und daß wir uns das wechselseitig zeigen und zeigen wollen, daß wir nicht ganz wenige sind und daß wir unsere Ängste überwinden können. Daß das am Schluß in der öffentlichen Wahrnehmung verdeckt wurde, das hat mich betroffen und wütend gemacht – auch wenn ich im Rückblick sehe, es ist dann doch das Entscheidende gewesen, daß wir 300–350000 waren. Soweit die Erinnerung an Sonntag, den 8. November 1992.

Es ist ja fast schon ein Klischee geworden, unser heutiges Befinden und die Euphorie des Herbstes von 1989 einander entgegenzusetzen. Damals die Euphorie, der Aufbruch, die Poesie des Anfangs und heute die üble Laune, die Hilflosigkeit und zunehmende Aggressivität, die Prosa des Alltags. Es ist ein Klischee geworden, es hat etwas Gefährliches, so zu reden, weil es als Ermunterung zur nostalgischen Erinnerung wirkt und das Gegenwärtige noch düsterer macht, als es ist. So verständlich, so berechtigt also beides ist – nostalgische Erinnerung und düstere Schilderung der heutigen Wirklichkeit –, so ist darin auch etwas enthalten, was mich ein wenig ärgert: diese Art Befindlichkeitslyrik und Befindlichkeitsdeutung, wie sie in Sammelbänden und in Talk-Shows durch unsere Republik wabert, klärt selten auf, sondern bestätigt, verfestigt vorhandene Gefühle diffuser Art, macht sie dickflüssig und lähmt eher, als daß sie befreit und ermuntert.

Aber es gibt – das sehe ich und verspüre es manchmal auch in mir selber – ein großes Bedürfnis danach und eine erhebliche Empfänglichkeit für diese Art von Bestätigungen. Mir will es scheinen, daß darin auch eine Fortsetzung einer schlechten DDR-Tradition sichtbar wird: Jammern konnten wir DDR-Bürger immer vorzüglich und ganz innig. Wie viele Abende haben wir damit zusammen in unseren Wohnzimmern oder in Kneipen – manchmal auch lustvoll – verbracht. Und einig waren wir uns in der Stimmung: Die da oben sind schuld, und wir können nichts tun.

Das hat die DDR-Stimmung über viele Jahre hin bestimmt und nicht immer ganz heiter gemacht. Und wir waren ja unter anderem über uns auch so überrascht im Herbst '89, daß das auf einmal weg war, mit einem Schlag. Jener Mehltau des Jammerns, der über uns lag und unser Verhalten bestimmt hat – eine Art, wie das Rolf Henrich ja richtig beschrieben hat, vormundschaftlichen Verhaltens. Immer die Verantwortung auf die da oben zu schieben und selber nicht zuständig zu sein. Natürlich hatte dieses Jammern alle Berechtigung. Denn alles, was gesellschaftliche Aktion oder was öffentlich war, hatte ja nun wahrhaftig unter Führung derer da oben stattzufinden, unter Führung der Partei der Arbeiterklasse, was immer hieß: unter Führung des Politbüros oder jedenfalls oberer Etagen dieser Partei.

Die Erinnerung daran, wie das in der DDR war, macht mich mißtrauisch, weil ich die Gefahr nostalgischen Selbstmitleids sehe, und die ist ja nicht ganz von der Hand zu weisen, man muß nur manche Zeitung bei uns lesen. In einem ehemaligen Zentralorgan, das ich früher jeden Tag gelesen habe, jetzt nur noch selten, ist dieser Ton fast blattbestimmend. Und gegen solche Art Töne gibt es dann zum Glück eine andere Lektüre. Monika Maron hat vor einiger Zeit einen bitter-polemischen Essay geschrieben über die ostdeutschen Mitmenschen, wie es im Untertitel heißt, und sie hat in der „Berliner Zeitung" ein Interview gegeben.

Ich will einiges daraus vorlesen.

Monika Maron sagt: „... Das, was ich empfunden habe, als es die DDR noch gab, setzt sich fort: eine Verwahrlosung des öffentlichen Lebens und Umgangs miteinander. Damals habe ich gedacht, jeder gibt nur die Kränkung weiter, die er von oben empfängt. Ich habe immer geglaubt, das Abhandenkommen jeder Art von Höflichkeit oder Anstand liegt an dem Druck, unter dem die Leute gelebt haben ..." Und im „Spiegel" schreibt sie: „... Am wenigsten ertrage ich an meinen ehemaligen Staatsbürgerschaftsgefährten, daß sie glauben, alle Welt sei ihnen etwas schuldig, insbesondere schulde man ihnen ihre Würde. Sie haben scheinbar vergessen, daß viele mit ihrer Würde bis vor drei Jahren ziemlich leichtfertig umgegangen sind und sie auf die Art eines Tages verloren haben ..." Und etwas später: „... Solange ich unter ihnen lebte, ist mir die außergewöhnliche Empfindsamkeit meiner ostdeutschen Mitmenschen verborgen geblieben – im Gegenteil: Ich bin an ihrer Dumpfheit und Duldsamkeit, an ihrer Duckmäuserei und ihrem feigen Ordnungssinn oft verzweifelt ..."

Ich denke: So polemisch, so verletzt und verletzend das formuliert ist, da ist eine Warnung enthalten – eine Warnung vor jenem klebrigen Selbstmitleid, das unter uns ist. Und die Warnung ist ernst zu nehmen, auch wenn ich – da merke ich, daß ich vielleicht eine andere Biographie habe – nicht so wie Monika Maron über meine Staatsbürgerschaftskollegen, also meine Nachbarn reden könnte. Als ich diesen Essay gelesen habe, dachte ich: Sie hat so unerhört recht in fast jedem Punkt. Aber mir widerstrebt es doch, so hart über meine Landsleute zu urteilen, weil ich sie – ich wage es kaum zu sagen – wohl trotz allem doch ein wenig liebe.

Man muß kritisch mit sich umgehen, aber vielleicht doch nicht in dieser polemischen Vernichtungsart, wie sie bei Monika Maron auch mit enthalten ist. Also achten wir auf uns selber, ob wir zurückfallen in den vormundschaftlichen Jammerton.

Die Schilderungen und Deutungen der Befindlichkeit – dieses neumodische Wort, das einem jeden Tag über den Weg läuft – verstärken die Klischees, die wir von uns selbst, die wir von einander haben. Das ist deshalb so unangenehm, weil es den Umgang mit '89, weil es den Umgang mit den 40 Jahren zuvor, weil es den Umgang mit der Gegenwart und ihren Problemen so handhabbar macht, und zwar in Ost und West. Ich möchte dies erklären: skizzenhaft und ein bißchen auch überzeichnend.

So ist es entlastend und weniger demütigend, wenn man in den bösen 40 Jahren zuvor Verfolgter, Opfer, heimlicher oder erklärter Dissident war. Diese Rolle ist um so glaubwürdiger, wenn man in der Beurteilung der Täter und ihrer harmlosen bis mittelmäßigen Mitläufer sich besonders unerbittlich und fundamentalistisch gebärdet. Weshalb sind wir mit anderen so streng und mit uns selbst so nachsichtig? Weshalb befähigen uns nicht die gemeinsamen Erfahrungen voller kleiner Demütigungen und voller Verzicht und auch voller Feigheiten, aber doch auch voller privater Solidaritäten und alltäglicher Tapferkeiten, warum befähigt uns nicht die Erinnerung an solche Art so glatt zu bewertender Erfahrung, zu mehr Differenzierung, zu größerem gegenseitigen Verständnis und größerer Versöhnungsbereitschaft?

Ich selber habe vor über einem Jahr in einem Aufsatz zur Vergangenheitsbewältigung aufgerufen, damals noch mit dem Stichwort „Tribunal" versehen, ein problematisches Wort, das wir schon längst aus dem Verkehr gezogen haben. Ich habe gefordert, daß wir selbstkritisch mit unserer Vergangenheit umgehen, und zwar nicht nur privat, sondern auch öffentlich, damit dies eine demokratische Qualität bekommt. Ich sehe inzwischen, daß Selbstkritik keine so große Rolle spielt, aber um so mehr Selbstgerechtigkeit. Allzu viele sind beschäftigt mit der Umstilisierung ihrer eigenen Biographie und mit der Uminterpretation der DDR-Vergangenheit. Wie viele phantasieren inzwischen revolutionäre Situationen herbei, die es in der DDR-Geschichte so nie gegeben hat. Wie viele vergessen, daß wir tatsächlich unter einer, nicht so spektakulären, aber allgegenwärtigen Diktatur gelebt haben, aber jetzt fordern sie Entscheidungen, als hätten wir in einer ziemlich freien Gesellschaft gelebt! Welches Heldentum wird jetzt nachgefordert! Und wie haben Schwarz-Weiß-Urteile Konjunktur!

Die Vergröberung dominiert die Medien, vielleicht läßt sich damit auch besser Geld verdienen. Aber schlimmer noch: Solche Art Vereinfachung, solche Art Pauschalurteile bedienen eine bestimmte Befindlichkeit – ein Befinden West. Weshalb den Intendanten, den Verlagsdirektoren oder wem auch immer dieser Umgang mit der Vergangenheit in die Gänge paßt und es dem Bürger so gefällig scheint, als Voyeur an einer überschaubar sortierten Geschichte teilzuhaben, wird deutlich, wenn man begreift, daß unsere Vergangenheit ein Instrument sehr gegenwärtiger Auseinandersetzungen ist. Ich erzähle absichtsvoll keine Geschichten aus dem Uni-Betrieb oder aus der Akademie oder sonst etwas, sondern eine Geschichte, die den Vorzug hat, ganz weit weg passiert zu sein und schon ein dreiviertel Jahr zurückzuliegen.

Es ist eine Geschichte aus Konstanz. Dort war ein Experiment zu Ende gegangen in jener Stadt, die so ungefähr am weitesten von der ehemaligen DDR entfernt ist, wie das in Deutschland überhaupt möglich ist. Ein Ostdeutscher war an das dortige Arbeitsamt gegangen, um sich – wie wir auf DDR-deutsch sagen würden – zu qualifizieren, um dann nach einer gewissen Zeit zurückzukommen und hier am Arbeitsamt zu arbeiten. Nach einigen Wochen war das zu Ende, er hat aufgegeben, denn – was war passiert? Man hat ihm das Zimmer verbarrikadiert, die Kollegen haben ihn geschnitten, er bekam anonyme Briefe, er bekam namentlich gekennzeichnete Briefe, und was stand darin: du Kommunistensau, du Stasischwein usw. Nun weiß ich nicht, ob dieser Mensch nicht vielleicht auch bei der Stasi gewesen ist. Es gibt genügend Beispiele – wir erzählen uns ja immer noch solche Geschichten –, daß tatsächlich ehemalige Mitarbeiter des MfS in der Übergangszeit Herbst '89/erste Hälfte '90 in die Arbeitsämter gewechselt sind. Es kann sein. Das ist nicht der Punkt, weshalb ich die Geschichte erzähle. Ich erzähle sie, um zu sagen, daß unsere Vergangenheit erst recht dann, wenn wir zu ihrer differenzierten Aufarbeitung und Erhellung nicht beigetragen haben, uns wie Mühlsteine um den Hals gehängt wird, daß unsere Vergangenheit zum Instrument sehr gegenwärtiger Verteilungsauseinandersetzungen gemacht wird – z. B. eben um Arbeitsplätze.

Ich will also nicht dem Versuch das Wort reden, die Vergangenheit kommunikativ zu beschweigen, wie das Hermann Lübbe als eine Leistung der Deutschen nach 1945 im Westen beschrieben hat – das nicht. Ich will im Gegenteil sagen, wir haben existentielle Gründe, uns unserer Vergangenheit zuzuwenden und die Leidenschaft für differenzierte und gerechte Bewertung zu entwickeln. Sonst wird die Vergangenheit vermarktet zu Skandalgeschichten, und sie wird zum Instrument politischer oder sozialer Auseinandersetzungen.

Vor einigen Wochen war im „Spiegel“ ein Essay von Joachim Maatz zu lesen. Ich empfehle ihn dringend zur Lektüre. Dort kommt etwas zu sich selbst in einer Schonungslosigkeit, die mich entsetzt. Wenn man das liest, dann findet man, daß wir alle – 16 Millionen – Deutsche, aber dann natürlich besonders die Christen und die Politiker sowieso, irgendwie korrupt und krank und geschädigt sind. Jochen Maatz ist ein sehr erfolgreicher Autor. Als ich sein erstes Buch gelesen habe, habe ich gedacht: unerhört viele richtige Beobachtungen, aber irgendwie stimmt das Ganze nicht: Es suggerierte das Urteil, daß wir 16 Millionen auf die Couch gehörten, natürlich auf seine.

Solche Art Urteile sind nicht nur ärgerlich, weil wir uns vielleicht falsch bewertet fühlen. Vielleicht hat er uns ja auch getroffen, und wir wehren uns deshalb. Der Erfolg des Buches ist zu erklären, weil es auf eine bequeme Weise westdeutsches Urteil über uns ermöglicht: „Irgendwie sind die doch anders, kränklich und komisch und befremdlich." Der Autor sagt das so überzeugend. Und er erklärt das so intelligent. Und das, was mich daran ärgert, ist, daß damit die Westdeutschen der Chance und der Pflicht enthoben werden, zu begreifen oder doch sich der Versuchung auszusetzen, daran zu denken: Könnte da nicht eine kleine Ähnlichkeit sein zwischen den Ostdeutschen und Westdeutschen – bei allen Unterschieden, den Unterschieden im politischen System, die unübersehbar sind?

Um es grob zu sagen: Es wäre ganz gut, wenn man diesen negativen Mythos IM – inoffizieller Mitarbeiter, das ist ja einer unser wichtigsten Gesprächsgegenstände – unter einer anderen Überschrift, nämlich unter der Überschrift „Anpassung", diskutieren würde. Diese Art Anpassung war bei uns schlimmer. Verrat und Anpassung hatten bei uns schlimmere Folgen – wegen des schlimmeren politischen Systems. Aber Anpassung hat es vielleicht doch nicht nur bei uns gegeben.

Ein anderer Gesichtspunkt: Weshalb lassen wir Ostdeutschen uns so gern die Stilisierung als Helden der Herbstrevolution gefallen, wo wir doch zugleich all das, was wir im Herbst '89 und in der Folge an den Runden Tischen und auch noch ein wenig in der Zeit der ersten frei gewählten Regierung, der frei gewählten Volkskammer an sachlichem Ernst, an Solidarität, an republikanischer Gesinnung gezeigt haben, jetzt mehrheitlich vermissen lassen? Oder sind die neuen Länder heute etwa erfüllt von republikanischem Geist und Solidarität und leidenschaftlichem demokratischem Engagement? Es sind wieder Minderheiten, an denen man das erkennen kann. Aber alle lassen sich gerne feiern als Helden der Herbstrevolution. Und weshalb – Befindlichkeit West – heroisiert man den Herbst '89, um ihn dann sogleich in die Vitrine zu stellen? Hat man Angst vor dem Bazillus, wie damals die DDR vor dem Bazillus der „Solidarność"?

Ich erzähle zwei kleine Erinnerungen, Erlebnisse aus Bonn: Ein christ-demokratischer Rechtsprofessor belobigt uns für den Ruf „Wir sind das Volk", soweit sich dieser Ruf gegen das totalitäre Unrechtssystem der SED gerichtet hatte. Im selben Atemzug belehrte er uns jedoch, man dürfe den Ruf nicht umkehren gegen ein freiheitlich-demokratisches System wie die Bundesrepublik Deutschland – anders ausgedrückt: Als plötzlich im Frühjahr vorigen Jahres wieder Leute auf die Straße gingen in Leipzig und anderswo, also etwas taten, was sie gelernt hatten im Herbst '89, da war die Empörung auf der CDU-Seite im Bundestag groß. Das sei ja die „Demokratie der Straße". Man mußte ihn erinnern, daß wir nun gelernt hätten, daß Demonstrationen auf der Straße zur Demokratie gehören.

Oder: Wir werden belobigt für diesen Aufbruch, aber wenn aus dieser im Grundsatz positiven Erfahrung, die ich nicht romantisieren will, die Konsequenz abgeleitet wird, daß wir doch vielleicht in eine Überarbeitung, in eine Renovation des Grundgesetzes stärkere Elemente von Bürgerbeteiligung einbringen könnten – also so etwas wie Volksinitiative, Volksentscheid, Volksbegehren –, dann wird das natürlich von konservativer Seite entschieden abgewehrt. Da wird dann klar, daß das, worauf wir uns berufen, vielleicht ein Irrtum war. Und dabei wollten wir, die Bürger aus dem östlichen Deutschland, nur die Chance haben, nicht nur unsere trübseligen Erfahrungen, sondern auch unsere freundlichen Erfahrungen mitzubringen.

Wir wollten selbst daraus politische und verfassungspolitische Konsequenzen ziehen. Wir wollten gehört werden als Gleichberechtigte. Aber das durchzusetzen, ist nicht sonderlich leicht. Leichter ist das folgenlose Lob.

Eine weitere Beobachtung: Es irritiert mich der Umstand, daß die Betroffenen ihre Befindlichkeit nicht selbst definieren, sondern nach außen verlagern. Es gibt offensichtlich eine Deutungskompetenz, in der man sich vertreten läßt. Es ist wohl nicht zufällig, daß sich dieser Vorgang bei den Problemen wiederholt. Auch die Problemlösungskompetenz wird verlagert: bei den

Problemen auf die Politiker, bei den Deutungen auf die Psychiater, und da im ungünstigsten Fall auf solche, die für ihre eigene Rolle mehr Interesse und Sympathie haben als für die Probleme und Psyche ihrer Mitbürger. Diese Übertragung der Deutungs- und Problemlösungskompetenz auf Dritte ist ein Akt der Selbstentmündigung und zugleich die Fortsetzung früherer Entmündigung mit der Folge, daß wir bei der Verhandlung unserer eigenen Angelegenheiten die Rolle von Statisten und Claqueuren spielen, daß unsere Interessen in den Machtzentralen gesichtet, gewogen und zum Machtkampf rhetorisch aufbereitet werden zur allfälligen Akklamation und zur vorläufigen Nichtlösung.

Lassen Sie mich hier die erste Runde meiner Wahrnehmungen abbrechen. Wenn sie so polemisch und bitterböse war, dann nicht aus fehlendem Verständnis, sondern aus einer Mischung von Trauer und Zorn. Lassen Sie mich die zweite Runde eröffnen mit dem, was ich zuvor als wenig hilfreich charakterisiert habe, nämlich mit einer Deutungsgeschichte. Was mich in diesem Zusammenhang jedoch interessiert und was ich anregen möchte, ist, die eigene Position, die gemeinsame Lage zu überprüfen. Zum einen: Was ist unserer Gesellschaft und unserem politischem Gemeinwesen, seinen Strukturen, seiner Moral, seinem Selbstverständnis widerfahren, wenn wir uns an die alltägliche Gewalt gewöhnen – zunächst gegen Ausländer, nun auch schon gegen Tote und gegen Behinderte? Die Bevölkerung der DDR war sich im Herbst '89 einig im Widerstand gegen die Repression der SED und ihres gewaltigen Sicherheitsapparates. Sie wollte ein Ende der Bevormundung, der Reisebeschränkung, sie forderte Freiheit und Demokratie, und sie hat dies – nicht allein, aber doch wesentlich aus eigenen Kräften – durchgesetzt.

Heute sehen viele ihre damaligen Erwartungen enttäuscht, in vielerlei Hinsicht – eine extrem hohe Arbeitslosigkeit, gewaltige Umstellungen in allen Lebensbereichen als Folge der Übernahme einer anderen Gesellschaftsordnung, die Angst vor unbezahlbaren Mieten und westlichen Rückgabeansprüchen auf ihre Häuser, das Gefühl, den westlichen Mitbürgern unterlegen zu sein und manchmal wohl auch der Verdacht, das eigene Leben unter einer Diktatur werde ihnen pauschal als Makel der Mitschuld oder doch des Opportunismus angerechnet. All dies mindert und trübt die Freude an der Einheit für viele erheblich.

Auch die Bevölkerung der alten Bundesrepublik hat die Öffnung der Mauer begrüßt. Es gab eine große Bereitschaft zu solidarischer Hilfe. Sie ist aber von den regierenden Politikern nicht beansprucht worden. Jetzt regt sich Unmut über die befürchteten – nein, die jetzt offenbar werdenden – Belastungen aus der deutschen Einheit. Für viele Westdeutsche ist Ostdeutschland fern und die Einigung ein Medienereignis geblieben.

Aber jetzt rückt sie plötzlich näher. Vielen Westdeutschen steht noch die wirklich schmerzliche Erkenntnis bevor, daß es auch für sie nicht beim alten bleiben wird. Das Land, in dem sie leben, ist ein anderes geworden, auch wenn sie das noch nicht gemerkt haben, aber sie merken es jeden Tag mehr. Sie reagieren darauf eher mit Abwehr – ich komme darauf zurück. Die Chance einer ehrlichen Bestandsaufnahme sowie einer klaren Benennung und umsichtigen Regelung der Schwierigkeiten und Konflikte der deutschen Einigung, die Chance eines Neuanfangs und von Solidarität, die Chance, den Einigungsprozeß als gemeinsame identitätsstiftende Leistung zu denken und zu praktizieren, blieb bisher ungenutzt. Die große Herausforderung, die deutsche Einigung vernünftig zu gestalten, droht durch Unterforderung der Mündigkeit der Bürger nun zur Überforderung der Enttäuschten zu werden.

Im Westen beobachte ich eine zunehmende Angst davor, daß die Kosten der Einheit zu hoch sein könnten und sich negativ auf den eigenen, in harter Arbeit erworbenen Lebensstandard auswirken würden. Im Osten sind die Überforderungsängste von geradezu existentieller Natur. Wird man sich im Einigungsprozeß behaupten können? Kann man seinen Arbeitsplatz behalten? Kann man die Wohnung auf Dauer bezahlen? Was sind die beruflichen Erfahrungen wert, die man in einem ganz anderen Zusammenhang erworben hat? Wie steht es um die sozialen Erfahrungen, die Erfahrungen einer Mangelgesellschaft waren, Erfahrungen, die in einer Notgemeinschaft erworben worden sind? Was taugen sie noch in einer offenen Gesellschaft, die unweigerlich auch eine Konkurrenzgesellschaft ist, in der Individualismus, Selbstdarstellungsvermögen, Durchsetzungsvermögen gefragt sind? Haben und hatten wir überhaupt Zeit, um zu prüfen, was vielleicht bleiben könnte von uns, oder sollte neben dem vielen, was zu bewahren sich wahrhaftig verbietet, nichts bleiben? Kein Ort, keine Zeit, uns des Eigenen zu vergewissern, das so ungewiß geworden ist? Für beide – für Ost- und Westdeutsche – gilt, was ich in einer etwas übertriebenen Formulierung nenne: Das Ende der Gemütlichkeit hinter der Mauer ist gekommen.

Bei uns war es etwas ungemütlicher als auf der westlichen Seite der Mauer. Aber wir hatten uns in dieser Welt eingerichtet, wir kannten sie, wir wußten, sie wird lange bestehen bleiben; wir dachten: nur, wenn wir sie behutsam ändern, können wir sie friedlich ändern. Und nun ist sie weg, plötzlich, nicht als Ergebnis planvoller Politik; und wir spüren, es ist zugig; wir sehen, daß keine Idylle an die Stelle der zweigeteilten Welt getreten ist, daß nicht das Goldene Zeitalter begonnen hat, daß wir keine Friedensdividende ernten können – alles Hoffnungen von Ende '89 und Anfang '90 –, sondern daß neue und uralte Konflikte den Kontinent und dieses Land beherrschen: Nationalismen, Irrationalismen und Fundamentalismen. Und die Deutschen spüren deutlicher noch als ihre Nachbarn, daß für diese neue Welt weder die Politiker noch die Wissenschaftler noch gar die Journalisten die passenden Konzeptionen haben, wie mit den Problemen umzugehen ist. Und beides – die Neuartigkeit der Probleme und das Gefühl, daß es für sie noch keine Lösungen gibt – macht sie zu bedrohlichen Problemen.

Auf diese Grundsituationen reagieren die Deutschen mit Ängsten, mit geradezu marodierenden Ängsten, die sich ihre je konkreten Opfer suchen; und im Moment erleben wir auf die schlimmste Weise, daß sie natürlich die Schwächsten unter uns sich als ihre Opfer gesucht haben, die Ausländer, die Asylsuchenden. Wir müssen nüchtern sehen, was uns erwartet: die Diskrepanz zwischen dem Bedürfnis der Menschen nach Angleichung der Lebensverhältnisse, den ostdeutschen Bedürfnissen, den Bedürfnissen der Deutschen insgesamt nach ökonomischer, sozialer, menschlicher Sicherheit einerseits und andererseits den objektiven Möglichkeiten, diese Bedürfnisse zu befriedigen, gleiche Lebensverhältnisse *bald* herzustellen, ökonomische, soziale, menschliche Sicherheit *bald* zu gewähren – diese Diskrepanz ist groß.

Inzwischen hat selbst Helmut Kohl nicht nur begriffen, sondern auch eingestanden, daß das mit der Frist von zwei bis drei Jahren wohl nichts ist und daß wir 10 bis 20 Jahre brauchen werden, bis ökonomische und soziale und menschliche Gleichheit in Deutschland hergestellt sein werden. Die Diskrepanz ist also deutlich und wird spürbar, und sie bietet zugleich den Konfliktstoff, der sich entzünden kann, und die Brandstifter sind schon unterwegs. Wir müssen wissen, wie lange uns dieses Problem einer zunehmenden Radikalisierung aus Unzufriedenheit, aus Unsicherheit, aus Entwurzelung beschäftigen wird. Und wir brauchen nicht nur ökonomisch-soziale Antworten darauf. Selbstverständlich brauchen wir *diese* Antworten auch. Aber die sind äußerst langwierig; vielmehr brauchen wir politisch-demokratische, erzieherische, kulturelle Antworten darauf. Machen wir uns aber nichts vor: Es wird auch da keine Wunder geben, und wir werden als Ostdeutsche lernen müssen, was wir in der DDR nicht sonderlich lernen durften – die DDR war ja per Definition eine „harmonische" Gesellschaft ohne Widersprüche, zumal ohne Klassenwidersprüche –, wir werden also lernen müssen, offenen Situationen, ungelösten Widersprüchen standzuhalten, konfliktfähig zu werden, Konflikte friedlich auszutragen. Jetzt haben allzu viele, zumal junge Leute den Eindruck, man habe nur Erfolg durch Gewalt. Und was mich wirklich quält, ist, daß durch die Art der politischen Diskussion und der Instrumentalisierung eines ernsten Themas, des Themas Asyl und Zuwanderung, dieser Eindruck bestätigt wird, jedenfalls in der Wahrnehmung dieser Verirrten und der fanatisierten jungen Leute.

Das also ist notwendig, daß wir Ostdeutschen lernen, auf friedfertige Weise konfliktfähig zu werden, Konflikte zu ertragen und auszutragen. Und die Westdeutschen werden ihre Konfliktfähigkeit, die in 40 Jahren Frieden, 40 Jahren kontinuierlichen Wirtschaftswachstums auch noch nicht auf wirklich dramatische Bewährungsproben gestellt worden ist, in wahrhaft weniger idyllischen Zeiten beweisen müssen.

Ich bin gespannt, welche der beiden Teilbevölkerungen sich angesichts dieser Frage besser bewähren wird. Es ist ja denkbar und sogar wahrscheinlich, daß auch auf die Westdeutschen ein erheblicher Identitätsbruch zukommt. Nach 40 Jahren Wohlstandswachstum nun etwas zu erlernen, was Meinhard Miegel neulich genannt hat: „eine Entziehungskur vertragen und ertragen".

Ich habe von den Ängsten gesprochen. So viel Anfang war noch nie wie vor drei Jahren und zugleich so viel Ende seither, und beides erzeugt nicht nur Hoffnung, sondern auch Befürchtungen. Mit dem atemlosen Tempo der deutschen Einigung und der Totalität des Wechsels konnte und kann vielfach Denken und Fühlen nicht Schritt halten. Es fehlt die Kraft, alle Anforderungen und Wünsche zu umfassen und zusammenzuhalten. Wir bedürften angesichts des uns abverlangten totalen Wandels unseres Lebens und unserer selbst, wir bedürften – ist das schon wieder DDR-Nostalgie und jammernde Sentimentalität? – der Momente der Vertrautheit, der Menschlichkeit und Brüderlichkeit, wie sie sich – ich zitiere Hannah Arendt: „... in finsteren Zeiten in den Nischen entfaltet hatte... Diese Menschlichkeit eigener Art, die sich nur im Dunkeln manifestiert und in der Sichtbarkeit sich gleich einem Phantom in nichts auflöst."

Eine Fülle von widersprüchlichen Befindlichkeiten habe ich angesprochen. Ich will einige noch näher einkreisen. „Jetzt muß zusammenwachsen, was zusammengehört." Das war ein weises Wort von Willy Brandt. Aber es ist als Beschreibung eines wirklichen Vorgangs mißverstanden worden, was als Mahnung, als Forderung, als Hoffnung gemeint war. Was tatsächlich passierte und passiert, war und ist eben kein organisches Wachsen, schon gar kein Zusammenwachsen, sondern etwas Abruptes, je nach Empfindungslage: Überwältigung, Inbesitznahme, Verwandlung, die mit der Gewalt einer Naturkatastrophe alles wegschwemmte, was vertraut war. Konnte es anders sein? War die Vorstellung des Organischen, des Wachsens nicht notwendigerweise illusionär? War sie nicht deshalb illusionär, weil das Zusammenwachsen, das Zusammenkommen unausweichlich unter der ökonomischen Dominanz des Westens stattfinden mußte?

Man muß bei allem Klagen und bei allem Empfinden, das in solchen Worten, die ich aufnehme, sich äußert, an diesen vergleichsweise wirklich objektiven Tatbestand erinnern: Wie konnte es anders sein? Wenn ein politisch erledigtes System und ein politisch erfolgreiches zusammenkommen, wenn eine zusammengebrochene Wirtschaft und eine erfolgreiche Wirtschaft zusammenkommen, wie kann es anders sein, als daß die Gewichte dann unausweichlich und sinnvollerweise so verteilt werden? Die Dominanz des Westens mag man beklagen, aber es gab zu ihr wirklich keine Alternative, und ich füge hinzu, sie ist ja zuletzt auch die Basis dafür, daß wir – wenn wir nur unsere Anstrengungen richtig sortieren – diesen Prozeß erfolgreich überstehen können. Aber wenn man zu den osteuropäischen Nachbarn geht und einen Vergleich anstellt, dann bemerkt man: Das Paradoxe ist, daß die deutsche Einigung ökonomisch und materiell gelingen kann wegen dieser westlichen Dominanz und daß sie zugleich deswegen im psychologischen und menschlichen Bereich erschwert wird.

Das Ossi-Wessi-Syndrom, die gegenseitigen Vorbehalte nehmen eher zu als ab. Wir haben es leichter als die Polen, die Tschechen, die Slowaken und Ungarn, weil wir Teil eines bis dato politisch und ökonomisch erfolgreichen Landes geworden sind. Wir haben es leichter, aber psychologisch und menschlich erscheint das zugleich als eine Beschwernis wegen des Gefälles, von dem immer die Rede ist, nicht des materiellen Gefälles, sondern des Gefälles an Wertigkeit und Selbstbewußtsein, an Darstellungsvermögen, an Durchsetzungsfähigkeit, an Zuhörbereitschaft, an Aussagekraft und so weiter. Und es ist ja inzwischen auch schon zu einer Redewendung geworden, die nicht dadurch richtiger wird, daß man sie jeden Tag hört. Ich meine die Redewendung, daß die Mauer zwar verschwunden ist, dafür aber in den Köpfen die Gräben tiefer und die Mauer höher geworden sind. Ich glaube das nicht. Ich glaube nicht, daß die Mauer in unseren Köpfen größer geworden ist und daß wir uns fremder geworden sind.

Ich glaube – das sind meine Beobachtungen – daß wir jetzt erst wirklich begreifen, daß wir uns fremd geworden sind in der Vergangenheit, in den 40 Jahren unterschiedlicher Entwicklung und daß wir dies jetzt erst wirklich begreifen, und zwar im Kontext einer Atmosphäre, die problemgeladen ist. Die Unterschiede werden nicht wahrgenommen als erfreuliche Bereicherung, sondern als belästigende Zumutung – vielleicht sogar als Bedrohung. Und das macht aus den Unterschieden, die unter heiteren Bedingungen als etwas Erfreuliches wahrgenommen werden könnten, Karikaturen von dem jeweils anderen. Nicht alle Ossi-Wessi-Witze sind wirklich lustig. Manche sind sehr bitter. Karikaturen wirklicher Unterschiedserfahrungen, aber überzeichnet angesichts dessen, was ich die Atmosphäre der Zumutungen nenne. Wir können also uns nicht mit Freundlichkeit wahrnehmen, sondern wir nehmen uns immer auch wahr mit Abwehr, und ich muß hier, damit ich nicht mißverstanden werde, einen Einschub machen.

Wenn man so redet über deutsches Befinden, dann sind das immer Überzeichnungen und Typisierungen. Denn natürlich gibt es auch immer ganz andere Geschichten. Es gibt weder nur *den* faulen oder *den* jammernden oder *den* beleidigten Ossi, genausowenig, wie es nur *den* arroganten, *den* besserwisserischen Wessi gibt. Es gibt auch jeweils das andere – den verständnisvollen, den hierzulande engagierten, für die Entwicklung im Osten engagierten Wessi wie auch den selbstbewußten demokratischen und engagierten Ossi. Aber die Atmosphäre, das Urteilsklima ist vor allem von den Klischees beherrscht. Was ist zu tun?

Erstens: Die Ostdeutschen, die tatsächlich in ökonomischer und sozialer Hinsicht vorläufig und auf längere Zeit Benachteiligte sein werden, müssen die politische Chance bekommen, dieses gemeinsame Land als Gleichberechtigte mitzugestalten. Dies verlangt tatsächlich tagtägliche Anstrengung. Ich will das nicht theoretisch erläutern, sondern mit einer Geschichte aus den letzten Tagen. In Bonn auf einem Parteitag oder sonst im Alltag der dort versammelten Bonner Journaille – um mich etwas bissig auszudrücken – über die Probleme Ostdeutschlands berichten zu wollen, das führt häufig dazu, daß die Leute sich langweilen. Es gibt kein sonderliches Interesse der dortigen Journalisten für das, was hier im Osten stattfindet. Als ich auf dem jüngsten SPD-Parteitag meine Rede anfing, so hat mir ein Journalist erzählt, gingen die Bonner Journalisten erst einmal einen Kaffee trinken. Es ist nicht ihr Ressort, da sind einige andere Kollegen zuständig, die für ostdeutsche Zeitungen schreiben. Alltäglich gemachte Erfahrung. Ich will mich nicht beklagen. Ich beschreibe nur, daß es einen Wahrnehmungsunterschied gibt, einen Interessenunterschied und daß es tatsächlich ständiger, ausdrücklicher Anstrengungen bedarf klarzumachen, was die Ostdeutschen sind, und ihre Probleme mit einzubringen in dieses politische Geschäft. Erst dann sind Ostdeutsche wirklich Gleichberechtigte. Ich habe jetzt nur von der politischen Ebene gesprochen. Man könnte das auch für andere Bereiche beschreiben.

Zweitens: Den Westdeutschen wird allmählich die Größenordnung der Opfer, die von ihnen verlangt werden, bewußt. Zu einem guten Teil ist ihnen die Größenordnung ja auch verschwiegen worden. Nach Berechnungen des Instituts für Wirtschaft und Gesellschaft, das von Professor Miegel geleitet wird – eine Gründung von Kurt Biedenkopf –, wird es in den nächsten 15 Jahren eines Finanztransfers von 2 Billionen Mark nach Ostdeutschland bedürfen – jährlich mindestens 150 Milliarden. Daraus folgt die Konsequenz, daß dies nicht aus dem Wachstum des Bruttosozialprodukts zu finanzieren ist. Wenn es denn überhaupt ein Wachstum gibt, müßten es 2 % sein. Die gegenwärtigen Prognosen sagen, daß es in Westdeutschland 1993 0 % sein werden. Im positiven Fall von einem Wachstum von 2 % würde das heißen, daß kein Wachstum mehr zu verteilen ist im Westen, denn das Wachstum muß im Osten verteilt werden. Im realistischen anderen Fall heißt die Konsequenz, es wird Einschnitte in die Substanz geben. Dies wird erst die Bewährungsstunde dessen sein, was 1990 so sinnvoll gesagt worden ist – die Überwindung der Teilung durch Teilen. Dies wird erst die Bewährungsstunde westdeutscher Solidarität sein. Alles, was bisher in dieser Hinsicht stattgefunden hat, war Vorspiel.

Das heißt drittens: Der deutsche Einigungsprozeß wird in den nächsten Jahren mit immer bittereren Verteilungskämpfen verbunden sein. Wenn keine Zuwächse mehr verteilt werden können, wie sie die Geschichte der Bundesrepublik bestimmt haben, sondern aus der Substanz umverteilt wird, erst dann wird es schmerzlich. Dann wird es bei jeder Entscheidung auch darum gehen, wohin geht ein Arbeitsplatz, wohin geht eine Million oder eine Milliarde. Dient sie dazu, ein Krankenhaus im Westen auszubauen oder eins im Osten aufzubauen etc. Diese Verteilungskämpfe finden jetzt schon statt. Zwei Beispiele: Der Gesamtbetriebsrat von Mercedes Benz hat vor 6 Wochen der Konzernleitung dringend empfohlen, doch die Investition in Arensdorf in Brandenburg sein zu lassen, denn sie gefährde Arbeitsplätze im Westen. Und umgekehrt: Der Betriebsrat des VW-Werkes bei Zwickau hat damit gedroht, sondertarifliche Vereinbarungen zu treffen, Löhne zu vereinbaren, die weit unter dem Lohnniveau im Volkswagenwerk in Wolfsburg liegen, um zu erzwingen, daß ein Produktionsschwerpunkt wirklich dort hinkommt. Zwei Beispiele, an denen deutlich wird, wie unter den lohnabhängig Beschäftigten, unter den Arbeitnehmern, unter Gewerkschaften diese Auseinandersetzung jetzt schon stattfindet, und die sind ja die besonders von Umverteilung Betroffenen. Die Wohlhabenden im Lande – selbständige Unternehmer, hohe Beamte – werden von diesen Verteilungskämpfen weniger betroffen sein.

Ein vierter Gesichtspunkt: Was tun wir Ostdeutschen? Wir haben drei Jahre lang kaum Zeit gehabt, über uns selber nachzudenken. Nach der Euphorie von '89, heftigen Illusionen, die dann schnell verflogen sind, weil die Mehrheit der DDR-Bürger – ich sage DDR-Bürger, und ich sage es voller Verständnis – damit befaßt war, möglichst schnell westdeutsch zu werden. Es ist ja nicht so, wie manche Klagenden meinen, daß die Wessis uns kolonisiert hätten. Die Mehrheit der Ostdeutschen wollte nicht nur die politischen Verhältnisse, nicht nur die Freiheit des Westens, sie wollte auch die Art von materiellen, kulturellen Verhältnissen, jene Art von Konsum – sie wollte möglichst schnell so sein wie die da im Westen. Jetzt sehen wir, es wird länger dauern, Ernüchterung tritt ein. Wir sind in der Krise des Einigungsprozesses. Und mein Vorschlag ist, ob wir Ostdeutschen nicht diese Krise nutzen könnten, nun endlich ein paar Dinge nachzuholen, zu denen wir bisher keine Zeit hatten – nämlich die Diskussion über uns selbst, was wir selbst sind, was an uns vielleicht zu verteidigen sich lohnt, wo wir wirklich nachholen müssen oder wo wir widerstreben sollen.

Ich nenne das den zweiten Mut, den wir nun brauchen nach dem ersten Mut des Anfangs – einen zweiten Mut, nüchtern nach uns selbst zu fragen. Ich will dies etwas verdeutlichen. Der schon erwähnte Meinhard Miegel hat unter der Voraussetzung geschrieben, daß Angleichung der Lebensverhältnisse nicht nur ein Verfassungsauftrag ist, sondern das wirkliche Ziel der Ostdeutschen, daß die Ostdeutschen nicht nur dieselben politischen und ökonomischen Verhältnisse haben, sondern auch dieselben Lebensverhältnisse haben wollen.

Miegel formuliert: „... Folgt der Osten dem Westen, muß er vor allem jenen Bewußtseinswandel nachvollziehen, der zu Beginn der zweiten Jahrhunderthälfte den Westen revolutionierte. Er muß einen extremen Individualisierungsprozeß durchlaufen. Er muß die Maximen des Wettbewerbs in allen ihren Erscheinungsformen verinnerlichen, er muß stets großräumig und zugleich kurzfristig optimieren. Er muß sich einem ausgefeilten Zeit- und Kostenbudget unterwerfen. Er muß sich extrovertieren und vermarkten, er muß allem und jedem gegenüber zu Veränderungen bereit sein. Er muß alles in Frage stellen, aber insbesondere muß er in der Mehrung materieller Güter zu einem Gutteil den Sinn menschlicher Existenz sehen ... Um ein solches Wachstum zu erzielen (und wir wollen ja erhebliche Wachstumsraten, um diese Angleichung zu erreichen), müssen sich Individuen und Gesellschaft kompromißlos am Leitbild ökonomischer Effizienz ausrichten. Was das heißen kann, zeigen Gesellschaften wie die sogenannten vier kleinen Tiger Südostasiens. Hier mußten individuelle Denk- und Anschauungsweisen von Grund auf geändert, tradierte gesellschaftliche Strukturen zerbrochen und Sozialverbände zumindest gelockert werden. Zum Teil war dies nur mit diktatorischen Mitteln möglich. Niemand in Deutschland hat die Absicht, zu derartigen Mitteln zu greifen. Ob die Menschen in den neuen Bundesländern jedoch freiwillig bereit sind, ihr Leben im erforderlichen Umfang zu ändern, bleibt abzuwarten. Bisher jedenfalls haben sie den Wandel ihrer wirtschaftlichen und gesellschaftlichen Ordnung eher erlitten als aktiv gestaltet...“

Soweit Miegel, und ich denke, das ist eine durchaus treffende, sehr pointierte Darstellung. Ich schließe daran die Frage an, ob wir Ex-DDR-Bürger uns jetzt endlich die Frage leisten, ob wir genau dieses alles wollen. Ich weiß nicht, ob diese Frage Donquichotterie ist, hoffnungslos idealistisch, aber ich denke, wir müssen eine Debatte nachholen, die wir wirklich bisher verdrängt haben – die Diskussion darüber, was wir, plötzlich vereint und von den unbewältigten Problemen dieser plötzlichen Einigung tagtäglich belästigt, miteinander wollen. Was heißt Angleichung der Lebensverhältnisse? Wer formuliert die Norm dafür? Ist *der* Westen, die bisherige Bundesrepublik der Maßstab schlechthin für alles, was die Ostdeutschen zu werden haben? Wie ist eine sowohl in der Richtung als auch im Tempo längst als problematisch empfundene Logik des Nachholens zu durchbrechen? Gelten plötzlich durch den Zusammenbruch der DDR und des realen Kommunismus alle jenen kritischen Einsichten über die westliche Industriegesellschaft, über den Ökonomismus und Konsumismus dieser Gesellschaft, über ihren erbarmungslosen Verbrauch von Ressourcen, über ihre soziale Ungerechtigkeit, nicht mehr? Sind die Erkenntnisse des Club of Rome alle nicht mehr gültig? Ich weiß, wer so fragt, setzt sich wirklich dem Verdacht des Idealismus und der Donquichotterie aus. Es wäre Zynismus, wenn man den Ostdeutschen und den Osteuropäern sagen würde: Bescheidet euch, versucht nicht nachzuholen und zu werden wie die im Westen. Der Druck des Nachholens ist so erheblich in Osteuropa, in Ostdeutschland, daß er wohl frontal nicht angegangen werden kann. Aber wir müssen endlich die Diskussion über die Richtung dieses Nachholens beginnen.

Was wollen wir erreichen? Was wollen wir verstehen unter Modernisierung Deutschlands oder Modernisierung des Ostens Deutschlands? Erst wenn es eine solche selbstkritische Diskussion gibt, selbstkritisch – bezogen auf die Westdeutschen und die Westeuropäer –, gibt es auch die Chance, daß Osteuropäer noch einmal erinnern können, was an ihrem Leben vielleicht nicht falsch war. Und ob nicht die Tugenden der Mangelgesellschaft und die Tugenden, die gelebt worden sind, von einer Notgemeinschaft gegen den Staat, vielleicht auf neue Weise brauchbar sein könnten für eine neue, und wie ich finde unausweichlich notwendige Kultur der Bescheidung, der materiellen Bescheidung. Auch darüber brauche ich nicht ausführlicher zu theoretisieren. Nur eine Zahl, die Ihnen allen wahrscheinlich vertraut ist und die die Absurdität des Vorgangs zeigt, in dem das westeuropäische Gesellschafts-, Wirtschafts- und Lebensmodell übertragen wird auf Osteuropa und die ganze Welt: Nordrhein-Westfalen hat allein mehr Autos als der ganze afrikanische Kontinent. Man braucht nicht viel erklären, um die Unsinnslogik zu zeigen, daß alle unausweichlich so werden wollen, wie es dem westeuropäischen, nordamerikanischen Modell entspräche. Dieses Grundproblem ist eben nicht durch den Zusammenbruch des realen Kommunismus beseitigt. Wir diskutieren es global, aber exekutieren dieselbe Entwicklung nur im kleineren nationalen Maßstab. Und ich denke, wenn irgend etwas von dem so oft beschworenen, herbeigepredigten Selbstbewußtsein eine Lebensmöglichkeit erhalten könnte, dann liegt sie nur in dieser Art gemeinschaftlicher selbstkritischer Diskussion: indem Ost- wie Westdeutsche selbstkritisch zurückfragen nach ihren ganz unterschiedlichen Erfahrungen – die Ostdeutschen nach ihren Erfahrungen einer Notgemeinschaft, einer Mangelgesellschaft, einer Unterdrückungsgesellschaft und die Westdeutschen nach ihrer Erfahrung einer erfolgreichen, offenen, effektiven, konsumtiven Gesellschaft.

Nur, wenn wir in einen solchen Gesprächsprozeß kommen, der ja auch das Reden über unsere Biographien einschließt, wird es die Chance auf Gleichberechtigung geben, auf wirkliches Kennenlernen und auf das, was Willy Brandt sich gewünscht hat – auf Zusammenwachsen. Und im Bild vom Zusammenwachsen ist ja immer gedacht gewesen, daß da zwei Teile auch wachsen und nicht von dem einen nur Verdorren verlangt wird, und der andere wächst über ihn hinweg. Also erst in dem, was ich den zweiten Mut nenne, einen Mut zu uns selbst, zum selbstkritischen Rückblick auf der einen Seite und der Fähigkeit und Bereitschaft der Westdeutschen, zuzuhören und offen und sensibel und selbstkritisch mit uns zu reden, gibt es die Chance, die Fremdheiten und die Gegensätze, die Minderwertigkeitsgefühle und die Arroganzen – wie immer sie verteilt sind – überhaupt zu überwinden.

Jürgen Fuchs

Die Schnürsenkel von Torgau oder Der Verlust der humanen Orientierung

Als ich mich bereit erklärte, an der Humboldt-Universität, eingeladen vom Institut für Geschichtswissenschaften, zu sprechen, konnte ich natürlich nicht ahnen, welchen Einstieg die Realität liefert. Die Vorlesungsreihe heißt „Wahrnehmungen – Zum Befinden in Ost und West", das klingt recht ruhig, beinahe beschaulich. Nun wurden zweimal sämtliche Plakate entfernt, die auf diesen Vortrag hinweisen sollten. Ich will nicht übertreiben und werde das sagen, was ich mir vorgenommen habe. Plakate systematisch zu entfernen, das ist ja nichts gegen Ausbürgern und noch anderweitig Wegmachen vielleicht, es ist ein kleines Zeichen, so willkommen bist du nicht, Rausgeschmissener, Ausgegrenzter, Dissident und Staatsfeind. Ich habe verstanden und offenbar mein Thema ganz gut gewählt auf diesem Hintergrund.

Im Einladungsbrief von Professor Hardtwig stand der Wunsch, „die gegenseitigen Wahrnehmungen der Deutschen in den alten und neuen Bundesländern aus der persönlichen, aber reflektierten und versachlichten Sicht zu präsentieren". Nun, ob ich den letzten Teil, „versachlicht", so erfüllen kann, wie es vielleicht gemeint war, weiß ich nicht. Ich denke, daß es eben doch sehr darauf ankommt, die ganze Wahrnehmung zu versuchen, soweit sie möglich ist. Auch Gefühle zuzulassen. Auch Gefühle der Trauer und der Empörung. Ich bin schon empört über die sich langsam wieder einbürgernde aggressive Sachlichkeit, so würde ich sie nennen, die uns auch von Ministerpräsidenten entgegenschlägt. Es wird zum Beispiel der Versuch gemacht, auf charmante und beinahe sympathische Weise einfach immer weiterzumachen, welche Vorwürfe und Fakten auch immer kommen. Die Argumentation ist, man könne „unsere" oder „seine Menschen" im neuen Bundesland doch nicht allein lassen. Und dieser Ton, auch diese politische Physiognomie, war es, was mich ganz besonders angeregt hat, zu dem zu kommen, was ich jetzt sagen werde.

Ich habe den Vortrag „Die Schnürsenkel von Torgau oder Der Verlust der humanen Orientierung" genannt. Es wird für Sie vielleicht etwas rätselhaft sein, was ich damit meine. Ich möchte jetzt keinen künstlichen Spannungsbogen erzeugen und Ihnen sagen, daß „Die Schnürsenkel von Torgau" zu tun haben mit einem Besuch, einer Begegnung in Torgau. Die Friedrich-Ebert-Stiftung hatte eingeladen und auch Pfarrer Schorlemmer, der sich sehr engagierte, die Tagung zu machen. Derselbe, der leider beinahe demagogisch die heimlichen Stasi-Treffs von Stolpe verteidigt, überzeugt und wortgewandt. Wir hatten dort eine Begegnung mit Fort Zinna, einem Gefängnis, und eine Begegnung mit einem Jugendwerkhof, wo ich auf etwas stieß, das ich Ihnen noch mitteilen möchte. Und was mit Schuhen und Schnürsenkeln zu tun hat.

Nicht nur in Rostock, auch in anderen Städten und Orten brennen in diesen Tagen und Wochen Häuser. Es sind keine Paläste, eher Notunterkünfte, Wohnheime, Baracken, in denen die Ärmsten hausen. Sie kommen aus anderen Ländern, sind zumeist abgehetzt, müde, in fremdem Land, und erbitten Asyl. Sie kennen meist nur einige deutsche Worte. „Ausweis" werden sie vielleicht kennen, oder „Halt", „Ja", „Nein", „Name", „Unterschrift", vielleicht auch „Woher". „Wohin", dieses Wort werden sie vielleicht nicht kennen. Sie wissen auch nicht, wohin sie wollen und sollen. Nur weg wollten sie aus ihrem Zuhause, weg vom Krieg, weg vom Druck, vom Hunger, von der Not, von der Ungewißheit. Wer auf der Flucht ist, kann auch aggressiv sein, wer kein Dach hat, lagert im Freien, wer verzweifelt ist, kapiert vielleicht nicht, daß auch andere es sind. Noch dazu, wenn diese im eigenen Land leben, in recht gut ausgestatteten Neubauwohnungen mit Fernseher und westlichem Gebrauchtwagen vor der Tür, der vielleicht noch ein Jahr TÜV hat. Der Fremde, der Flüchtling kapiert nicht gleich, woher der Haß kommt in den jungen und den älteren Gesichtern. Aber wir wissen schon, wer wir sind und woher wir kommen, wir Kinder zweier Diktaturen.

Ich weiß nicht, ob im geteilten Deutschland des Jahres '89 eine Revolution stattfand. Ich weiß nur, daß sich viel veränderte, auch hier, auch in diesen heiligen Hallen womöglich ... oder es passiert etwas später. Auch in anderen Ländern fand der Bruch mit dem Stalinismus statt, fast zeitgleich. Ich erinnere mich noch, wie ein Freund aus der Tschechoslowakei – damals hieß das Land noch so, heute heißt es ‚Tschechische Republik' – zu mir sagte: „Ein Glück, daß es in Prag auch geklappt hat, etwas später als in Berlin, aber immerhin. Es wäre witzig gewesen, wenn gerade die DDR-Deutschen, deren Regierung '68 so gedrängt hat, die Reformen mit einem Truppeneinmarsch zu beenden, rausgekommen wären aus dem ‚Lager' und wir nicht." Ich bin eigentlich auch froh, daß nur noch China und Kuba die „reine Lehre" militant und unter Mißachtung der Menschenrechte vertreten. Freilich, wenn diese Diktaturen fallen, soll es keine peinliche, niederwerfende Machtergreifung großmächtigen Kapitals geben. Nur weil keine freien Gewerkschaften existieren und die Menschen erschöpft sind, sollen nicht Haie ein leichtes Spiel haben. Die Opposition in den jeweiligen Ländern und die Demokraten im Rest der Welt sollten im eigenen Interesse auf Gerechtigkeit und Freiheit achten, sonst sind die neuen Katastrophen programmiert. Im Übergang von stalinistischen Kommunisten hin zu nationalistischen Volksrednern vollzieht sich eine interessante Klarstellung: die getarnte neue Rechte verwandelt sich in die alte, vielleicht wieder völkische, großkotzige, mordende. Erfahren im Machtmißbrauch und im Irreführen von Völkern ist sie ja. Man muß aber diesen Rollentausch nicht mitmachen als Gesellschaft, als Bürger.

Im Herbst '89 gewann die Demokratie an Boden, diese elende Mauer-Grenze fiel. Nach der schwierigen Arbeit der kleinen Menschenrechtsgruppen kamen jetzt die Massendemonstrationen. Es waren immer so wenige für die anderen, die ängstlich oder überlegen fragten, wo denn die „Massenbasis" wäre. Ja, wo war die Massenbasis? Weiß der Teufel, wo die war. Aber irgendwie wirkte sich die durchgehaltene Aufsässigkeit von einzelnen schon aus, das können wir ja in verschiedenen Ländern sehen, bei Vaclav Havel zum Beispiel, dann Michnik, auch Solschenizyn. Auch diese großartige Frau in Birma, San Suu Kyi, sie erhielt den Friedensnobelpreis und lebt unter schweren Repressionen im Hausarrest. Wir sahen es auch bei Robert Havemann: ein einzelner ist manchmal viel, auch stark; er nervt, kann viele Menschen beeinflussen, beeindrucken; auch irritieren und zum Nachdenken bringen. Natürlich muß es eine Öffentlichkeit geben. Ohne die Massenmedien des Westens geht es nicht, ohne einigermaßen ehrlich und objektiv berichtende Journalisten. Das war sicher auch im Deutsch-Deutschen so. Aber das Abdrängen der Bürgerrechtler auf die Hinterbänke, Stolpe und leider auch Helmut Schmidt machen das ja ständig... dieser selbstsichere Machtgestus, mit dem da paar Hanseln weggewischt werden. Man mußte ihnen „helfen", es waren „Fälle", man hat sich „bemüht", weiter geht das berufspolitische Verständnis leider nicht. Und dann redet man eben, wie Stolpe, beinahe tausendmal mit den Häschern und Zersetzern von der politischen Polizei in konspirativen Wohnungen. Das ist dann der andere Dialog. Und den plaudert man nicht aus, den hält man geheim. Die anderen, die „Gruppen", müssen das auch nicht wissen. Auch wenn man über sie spricht und informiert. Hier ist ein Zum-Objekt-Machen am Werke, auch diese eher schreckliche Art von Geheimpolitik, die wahrscheinlich mit dazu geführt hat, daß kein Vertrauen mehr da ist in Leute, die sich zur Wahl stellen. Wenn das nicht zumindest die sehr wichtige Opposition im Lande, die SPD, begreift, wäre es sehr schade. Auch mit Blick auf rechte Demagogen, die ja bereitstehen. Stolpe und Persönlichkeiten wie er werden bis zum Schluß dastehen und sehr überzeugend zum Ausdruck bringen, daß sie fast alles richtig gemacht haben zu allen Zeiten. Auch so kann eine traditionsreiche Volkspartei unglaubwürdig werden. Und das in einer Situation, wo so große Chancen und Aufgaben da sind, immerhin war es eine verbotene Partei in der Ex-DDR!

Dann, ich bin wieder im Herbst '89, eine merkwürdige, fast unverständliche Mitteilung in einer Pressekonferenz, bald strömten dann die Massen, geschossen wurde nicht. Ein Dank an die Gorbatschow-Administration! Diese stationierte Großmacht hätte schießen lassen können, aber es kam nicht so. Offenbar wurden auch so die Landesfürsten zurückgehalten, die schon ihre Motoren angelassen hatten, die von Panzern und Lastwagen. Wir verdanken es den historischen Bemühungen der jüngsten Zeit, daß wir exakt wissen, wie Herr Honecker 1980/81 gedrängt hat, daß in Polen interveniert wird. Es ist bei den damaligen Beratungen im Warschauer Pakt die „Kania-Lösung" angenommen worden. Kania, kennt den noch jemand? Er war der polnische Parteichef. Favorisiert wurde also der Putsch von innen, das Kriegsrecht mit Lagern und Verboten, nicht der Einmarsch. Honecker hatte laut gefundener Protokolle vom „Blut" gesprochen, das es in solchen Auseinandersetzungen geben kann, wenn man die „Macht der Arbeiterklasse" bewahren wolle... So sprachen Deutsche über Polen...

Zum Thema „Wahrnehmungen" gehört es auch, was ich auf dem Weg zu dieser Veranstaltung im Autoradio hörte, daß erneut Alt-Bischof Schönherr den schon erwähnten Geheimdiplomaten und heutigen Ministerpräsidenten entlastete, indem er auf Helmut Schmidt verwies, der an Stolpe das weitergegeben habe, was er an staatlicher Stelle plaziert haben wollte. Von „Stasi" war nicht die Rede, man bleibt in den gehobenen Rängen, redet von Staat und Regierung. Es war aber eine Diktatur, und die Einheitspartei befehligte die Stasi, und Stolpe und hunderttausende anderer IMs waren im Griff der Wiegands, Roßbergs, Mittigs, auch wenn sie andere Bezüge aufbauten, andere Legenden und alle freundlich taten in solch gewichtigen Zusammenhängen. Es ging ja um Weltpolitik, um Frieden und so weiter. Herr Roßberg kochte auch mal Kaffee, es gab Geschenke und Orden. Das ist die kleine, elende Welt dieser Kungeleien. Manchmal mögen sie nützlich sein, als Ersatzvorstellung für Demokratie und Entspannung sind sie das, was sie sind. Nur in Ruhe die Dokumente lesen und sich nicht von großen Gesten täuschen lassen!

Und wenn dann zum Beispiel von West nach Ost Signale gegeben werden an hohe staatliche Stellen, was wurde gesagt im Jahre 1980/81? Verständnis wurde ausgedrückt vom Bundeskanzler, daß für Ordnung gesorgt werden muß im jeweils eigenen System.

Der Einsatz von DDR-Truppen wäre äußerst belastend, aber ansonsten müsse man halt zusehen. So ein Ton kommt aus den Protokollen des Politbüros der SED. Etwa das könnte der Kirchendiplomat weitergesagt haben. Die Bürgerrechtler der DDR wußten all das nicht, einige gingen ins Gefängnis, weil sie mit Solidarnosć sympathisierten. Dann waren sie wieder „Fälle", denen man helfen mußte. Interessant, sich das konkret vorzustellen. Und ich denke auch daran, daß dann ein ehemaliger Offizier der Deutschen Wehrmacht und späterer Sozialdemokrat und damaliger Bundeskanzler so etwas ausrichten läßt über Polen.

Da sehe ich meine polnischen Freunde, einige wurden an diesem 13. Dezember 1981 abgeholt, und kann mir denken, wie bitter sie solche Nachrichten und Andeutungen der großen Diplomatie aufnehmen. Sie werden höflich bleiben und denken, daß sie von den Deutschen nichts anderes erwartet haben. Denke ich mir. Aber das war nur eine Abschweifung, weil „Wahrnehmungen" angefragt waren und keine allzu fertigen Sätze. Als Schabowski in der schon erwähnten Pressekonferenz andeutete, daß die Grenzen offen sind, und Moskau mußte zugestimmt haben, konnte ich in der Nacht miterleben, was geschah. Menschen liefen durch die Straßen, was für außergewöhnliche Fußgänger waren das! An die ungläubige, schnelle, intensive Art ihres Gehens und Betrachtens werde ich mich ein Leben lang erinnern. Daß dieser Augenblick der Grenzöffnung möglich wurde, und Krenz fühlte sich unter großem Druck, sonst wäre diese Entscheidung niemals gefallen, das allein, dieses friedliche Wegdrücken der Mauer, war und ist großartig. Keine Krise, nicht einmal Arbeitslosigkeit, kann das relativieren. Bewegungsfreiheit, Versammlungsfreiheit, Meinungsfreiheit gehen vor. Arbeit und Alltag ohne Freiheit sind Knast und Heim und sonst gar nichts. Ich will kein geduckter, zufriedener Arbeiter sein, der sich versorgt fühlt und die Knute akzeptiert. Ich sage das als Arbeiterkind, als einer, der wohl weiß, wie wichtig Gebraucht-Werden, soziale Gerechtigkeit, erträgliche Mieten sind. Aber ich will nicht den Hohn auf die Republik, auf die Demokratie, wie er auch nach 1918/19 üblich war, künftige Nazis und Moskau immer ergebener werdende Kommunisten übertrafen sich ja darin:

„Jetzt habt ihr eure Republik, nichts klappt, alles durcheinander, die Sozis versagen", und so weiter. Und was kam '33? Die überheblichen, abfälligen Kommentare über die Revolution im Herbst '89 im gewendeten „ND" der Partei, die sich PDS nennt, widern mich an. Jetzt tun sie groß, vorher nur Duckmäuserei. Jetzt jeden Widerspruch untersuchen, jede Mark nachrechnen. Aber, sollen sie. Auch eine Übung in Opposition vielleicht. Sie holen nach. Jetzt dürfen sie. Sollen sie.

In dieser Nacht am 9. November sah ich Straßen, Bordsteine einander suchen. Hinter der Mauer gingen die Straßen ja weiter, hinter dem Todesstreifen. Auch das nie vergessen: Es wurde geschossen. Und getroffen. Was für ein Anblick waren diese Peitschenlampen, dieser leergeräumte Streifen. Sogar eine Kirche hatte man gesprengt. Und dann taumeln die Leute heraus, verrückt vor Freude, vor Bangigkeit, im Trabbi kamen sie angefahren. Von Rache und Gewalt der vielen Grenzgänger, immerhin mit wenigen privilegierten Ausnahmen Jahrzehnte interniert in einem kleinen diktatorischen Teilstaat, keine Spur. Eher Erleichterung, Freude, Hoffnung, Euphorie, überdrehte Erwartungen. Der Alltag kam bald. Auch wirtschaftliche Hilfe und die ganz schnellen Geldhaie mit ihren Krawatten und smarten Sprüchen. Werbung ist nicht die Wirklichkeit, das wurde schnell klar. Und verarschen kann sich jeder selbst, auch das. Vor allem, wenn man aus Jahren kommt, die niederdrückten, erschöpften und ungewiß waren in ihrem Ausgang. Und gefordert war wieder eine Orientierungsreaktion, das Bewältigen einer Krise. Fast möchte man, im historischen Blick, sagen: Wie konnte es anders sein? Alles kam zum Vorschein, wurde deutlich. Nackt wurde alles, fremd, unheimlich. Eine absurde Situation auch voller Ängste, Subalternität, raschem Aufbruch, Stolz, Hochgefühl, Befreiung. Alles durcheinander innen und außen. Woher die Kraft nehmen? Und prompt haben einige die Kraft. Aber welche Kraft? Und wohin geht sie? Und woher kommt diese mitunter aalglatte Energie, sich zu plazieren?

Das sind Fragen. Und noch eine Beobachtung, eine Empfindung. Ich möchte das als Psychologe sagen, der Menschen in Krisen und Not erlebt hat. Auch Kinder und Jugendliche. Ich bin auch gereist, habe andere Länder kennengelernt und bin vielen begegnet, die aus anderen Ländern kamen, Emigranten darunter, die ihr Leben retteten. Als ich '89 in die DDR kam, zwischen '77 und '89 hatte ich Einreiseverbot, auch in die anderen Ostblockländer, ein Haftbefehl wartete auf mich, wie ich heute weiß ... also am 1. Dezember begleitete ich Wolf Biermann nach Leipzig zu seinem ersten Konzert ... auch da wollten Krenz und seine Leute erreichen, daß ich draußen bleibe ... Als ich wieder da war, hatte ich eine Empfindung, in Leipzig, in Jena, in Ostberlin: Wieviel Bangigkeit, Angst, Niedergedrücktheit! Was ist, wenn das alles schiefgeht? Aufgerissenen Augen begegnete ich, ich will es so klar sagen. Auch keine psychiatrischen Begriffe verwenden, das ist ja peinlich. Die Nazis machten das gern, redeten von hoher Warte wie Ärzte, wie falsche, böse Mediziner. Das möchte ich nicht.

Was ich möchte, ist nur sagen: In keinem Land, das ich kennengelernt hatte in den zurückliegenden beinahe fünfzehn Jahren, ist mir so viel Angst begegnet wie 1989, als ich die DDR wieder betrat. Im Alltag, wohlgemerkt. Ich rede jetzt nicht von der Couch, will da niemanden hinlegen, das geht alles nur freiwillig ohnehin. Ich möchte auf die Umstände verweisen, in und unter denen Menschen lebten. Natürlich sind in den Umständen Menschen enthalten, Verantwortliche, Politbüros, Ministerien, Buchhalter, Mitläufer, Türsteher. Alles gehört da rein. Es wurde angst gemacht, Druck. Das ist ein Verbrechen. Ich möchte darauf hinweisen neben den ökonomischen und ökologischen Fakten, die verheerend sind: Mitmenschen angst zu machen, ist nicht erlaubt, ist nicht legitim, ist inhuman, verkrüppelt und demütigt die Seele. Nicht nur bei Kindern. Bei allen, die beteiligt sind. Auch bei den Tätern.

Rasch wurde auch klar, daß Behörden kommen, wenn der Rechtsstaat kommt, Verwaltungen und Verwaltungsrhetorik. In Ämtern, in Chefetagen können altbekannte Gesichter sitzen und ganz neu tun. Sie können auch sprechen, schreiben und festlegen. Wie ich in einer „Benutzerordnung" neulich gelesen habe in einer bedeutsamen Einrichtung, einer neuen Behörde: „1. Der Benutzer ist verpflichtet, den Anordnungen des Personals Folge zu leisten..." Nichts besonderes, kann man ja in jedem Schwimmbad nachlesen, jeder Bademeister kann das von sich geben. „Dem Benutzer ist untersagt...", und dann wird gesagt, was untersagt ist. „Im Lesesaal ist im Interesse aller Benutzer größtmögliche Ruhe zu halten... das Rauchen sowie der Verzehr von Speisen und Getränken ist nicht gestattet... Mitbringen von Tieren ist untersagt... Mäntel, Schirme, Taschen und andere Behältnisse dürfen nicht mitgenommen werden...". Die Sprache der Anordnungen und Erlasse ist meist schnell gelernt, schneller als Gerechtigkeit kommt und wirkliche Hilfe.

Interessant war mir in der Erklärung von Erich Honecker vor Gericht, daß er Bärbel Bohley, „die uns Kommunisten verdammt", zitierte mit dem eingeschobenen Satz, der Satz von ihr ist bekannt, „wir wollten Gerechtigkeit und es kam der Rechtsstaat". Interessant finde ich, daß ein Mann in einer solchen Situation, in einer solchen biografischen Situation auch, nach diesen langen Jahren des Herrschens und auch Wegschaffens von Leuten wie Bärbel Bohley, inhaftieren, Stasi-„Bearbeiten", aus dem Land ekeln, mit Auflagen wieder reinlassen, andere nicht... daß er sich erinnert beim Lesen der Anklageschrift und dem Formulieren der eigenen Stellungnahme an diese Frau. Wie es ihn doch beschäftigt. Hat er gemeint, daß er Gerechtigkeit will und anstrebt? Vielleicht wie das „Komitee für Gerechtigkeit" der Herren Diestel und Gysi? Dann war wohl der staatliche Terror nur Mittel zur sozialen Wohlfahrt? Aber gewiß, die Themen sind älter, über die Jahrhunderte geht das ja. Menschen wollen einigermaßen leben, essen, Dach überm Kopf und keine Stiefel an der Kehle. Ein altes, gutes Streben. Gewerkschaft, Menschenrechte, amnesty international, sozialer Ausgleich. Die Linke hat das immer gewollt. Die Stalinisten machten ihren Sozial- und Mauerknast daraus, abschreckend und nicht erfolgreich. Jetzt kommt die Quittung. Die Herren und Damen der Industrie haben ihre Vorstellungen. Man ist keine karitative Vereinigung. Gewiß nicht. Sehr rasch muß die Gesellschaft von unten her auf dieses Vakuum reagieren, eigene Interessen verdeutlichen und durchsetzen. Schwer, wenn das nicht gelernt wurde in Diktaturzeiten.

Und wenn Honecker beim Thema Gerechtigkeit sensibel ist nach dem Verlust eigener, fast absoluter Macht: so ist halt der Gang der Geschichte, „ach zu hoch nicht hinaus/es geht übel aus“ ... wenn er da reagiert, auch die verspäteten Demokraten Diestel und Gysi mit ihren Komitees tun das, die „Gruppen“ der Bürgerrechtler waren ihnen zu „extrem“, vielleicht sogar „extremistisch“, oder? Richtung Abseits, Richtung Knast ging das ja, dann lieber Rechtsanwalt mit SED-Parteizeichen und heimlichen Kontakten zum Nutzen aller Bürger... Jetzt geht man auf die Barrikaden und wird einsichtig oder mutig. Siehe Schabowski. Ich nehme das zur Kenntnis. Und dann ist doch gleich die Empörung da. Nicht die Rache- und Straf-Phantasie, nein, in Kleingärten sollen sie sich bewegen und befragt werden, das schon. Auch beurteilt muß es werden, was getan wurde und zu verantworten ist. Meinetwegen ab an den Strand von Chile, wenn es der eigene letzte Wunsch ist, wenn Krankheit da ist und hohes Alter. Aber was war in den Jahren davor! Wie hat man sich gespreizt und unbarmherzig gezeigt! Wie viele abgelehnte Reisen, wenn ein Vater starb oder eine Mutter, der „Staatsfeind“ oder der Flüchtige durfte nicht kommen. Was für eine schäbige Behandlung von Havemann, der auch alt war und krank. Der Arzt ein IM, der die intimsten Angaben sofort weitergab. Was für ein Verrat am Menschen! Beschämt sein sollen sie, raus aus dem Knast, nicht dieses unverdiente Privileg des Opfers. Nicht leiden lassen, sondern sie verachten. Und gut an alles erinnern. Das ist die Rache: die gute Erinnerung. Die auch frei macht, die humane Vergewisserung ermöglicht. Auch Abschied und Milde. Aber nicht dieser Schlußstrich, nicht das Abwenden ist es. Erinnern, an all das erinnern und wach sein, aufmerksam, was heute geschieht. Das Vergangene ist vielleicht noch nicht vorbei.

Forsche Reden sind schnell gelernt, das Auftreten im entsprechenden Anzug. Schneller als wirkliche Hilfe kommt, Rehabilitierung der Opfer, Entschädigung für Verjagte und Niedergehaltene. Wenn das überhaupt möglich ist, denn es „rechnet“ sich ja nicht. So etwas sind ja keine „Investitionen in die Zukunft“. Es geht ja mitunter vor allem um alte Leute. Die lange schon warten, die es noch erleben wollen. Ich will, daß der Sozialdemokrat, der nicht in die SED ging und in Bautzen saß, noch erlebt, daß ihm Unrecht geschah, daß er dokumentieren kann, warum er saß, was er erleiden mußte, welche Formalien sie gegen ihn anbrachten. Daß Respekt entsteht, Achtung vor diesem Menschen, der jetzt in einer kleinen Wohnung sitzt, vielleicht in Dessau oder Potsdam. Und der Stolpes Reden hört, der im Licht steht. Das meine ich. Ich meine auch den Christen, der keine Kompromisse machte, den Liberalen, den Eurokommunisten, den Wehrdienstverweigerer, den Politische-Witze-Erzähler, den Flüchtling, der zwanzig Jahre Einreisesperre hatte.

In den ganz neuen Zeiten kann schnell dieser Blick wieder hervorkommen, der den Bittsteller an der Türe stehen läßt, auch wenn dieser ein Recht hat, eine eigene Geschichte und nicht schlechte Gesetze hinter sich, zu Hause vielleicht Kinder. Dann werden in den Amtsgebäuden Akten und Formulare transportiert, durchlaufen Zimmer und Gebäude, Hausmeister werden wichtig, das technische Personal ist mächtig, das immerhin Arbeit hat. „Ach, den kenne ich doch, das ist der aus der Abteilung Inneres", denkt einer. Der hat wieder seinen Posten, jetzt BAT-Bezahlung, die Brille neu und wichtig, was denn, sagt dieses Gesicht, was ist denn? Gar nichts ist, wir denken nur, reden, erzählen von Wahrnehmungen. Es gibt Menschen, die immer einen Stuhl hinter einem Schreibtisch finden, ein Telefon, eine Zimmernummer, eine vorgesetzte und nachgeordnete Struktur. Und du, nimm Platz im Wartezimmer, wie vorher auch, hast dir Hoffnungen gemacht, jetzt hast du deine Hoffnungen. Ihr wolltet's doch so ... Innere Reden, manchmal ein Fluch, ein Weinen, da ist die Revolution steckengeblieben oder nie gewesen, in diesen Bezirksstädten oder -ämtern, es gibt einen Geruch dazu, Reinigungsmittel, es gibt Gänge und ein Weggehen. Aber wohin. Diese Geschichte ist noch nicht zu Ende.

Notrufe aus Neubauvierteln werden überhört oder „weitergemeldet". Es gibt ja noch mehr Probleme, heißt es. Sozialarbeiter sind Mangelware. Einer in Rostock soll als AB-Maßnahme vor Ort gewesen sein aus eigenem Entschluß, als das schlimme Toben und Brennen begann. Was ich gut finde, das ist Mut. Aber auch Einsamkeit. Wo war die Mehrheit dagegen? Die Mehrheit war dafür? Welche Mehrheit, welches Volk? Wo war der Staat, es muß nicht der starke sein. Verhandelte die Polizei mit den Tätern, zog sie sich zurück, wurde von den Angreifern „überprüft", ob noch „Fidschies" da sind? Werden jetzt an den deutschen Ostgrenzen Nachtsichtgeräte eingesetzt, um die Flüchtlinge zu orten? Ist an eine Mauer gedacht? Wie viele Sinti und Roma wurden nach Auschwitz gebracht? Weiß jemand, was Elie Wiesel zu Rostock sagt, Havel, Wolf Biermann? Zählt das? Wird das gehört? Polizisten verdienen schlecht und sitzen irritiert oder heimlich untätig in ihren alten oder neuen Wagen, mal sehen, was passiert: „Die wollten's doch so! Wer hat schon noch Angst, Furcht oder Respekt vor wem? Drunter und drüber geht es eben ohne Mauer, Stasi und Paktsystem! Die Wessis kommen nicht durch, tun nur ganz bombastisch, das ist also ihre Demokratie..." Ich spüre diesen Ton, diesen Blick, dieses eher hämische Warten auf die nächste schlechte Nachricht. Auch beim Thema Staatssicherheit, bei Begegnungen mit hauptamtlichen Mitarbeitern des MfS. Das erste in einer Begegnung mit Offizieren war der Hinweis auf Antifaschismus und daß sie einen „Zentralen Operativen Vorgang" geführt hätten, der hieß „Bestien". Das waren SS-Leute, die sie aufspüren wollten. Oder überführt hatten. Das sei ihre Aufgabe gewesen. Die ersten Worte im ersten Gespräch. Ich fragte nach vernichteten Akten, nach der Verfolgung der gewaltfreien, demokratischen DDR-Opposition. Vor sich her trugen sie die Ermittlungen gegen Nazis, alte SS-Leute. Bei Skinheads müssen sie lange gezögert haben, das waren lange nur „Rowdys", die von der Kripo wegen Prügeleien bearbeitet wurden. Faschos, Neonazis, die gab es ja nicht. Es durfte nicht sein. Pazifisten wurden gejagt, aufsässige Pfarrer, andere als Schnur und Stolpe, Anarchisten, Punks, Menschenrechtler, „sogenannte Umweltschützer". Da stürzten sie sich drauf. Oder warfen sie, etwa 1987/88 bei Vorfällen in der Zionskirche, in einen Sack mit Hitler-Schreiern und welchen, die „Juden und Ausländer – raus" brüllten. Was sich dann unter dieser Decke und Käseglocke entwickelte, wird nun offenbar. Und die Kirche, die neuen Parteien? Die schon angeführte Argumentation wäre: Alles bloß Waschlappen oder Heimliche wie Schnur,

Böhme, de Maizière. Die lautstarken Bürgerrechtler im Fernsehen sind eine winzige Gruppe ohne Macht. Grüne Spinner, damals und heute dagegen, die Ost-CDU hatte wenigstens ordentlich eingetragene Mitglieder wie die anderen Blockflöten auch... So könnte gedacht und geredet werden, solche Reden höre ich oft.

Die Demokratie in den östlichen ehemaligen Diktaturstaaten ist noch wacklig. Sie soll aber durchkommen, zumindest ab heute und unter Nutzung der Erfahrungen, die zum Beispiel auch eine deutsche Bundesrepublik, das sage ich sehr nachdrücklich, nach '45 sammelte. Die Bundesrepublik, zu der wir jetzt alle gehören, besteht ja aus Millionen sehr unterschiedlicher Leute; Berufe, soziale Schichten, Bürger und Ansichten sind da, man muß einfach sagen, daß Erfahrungen gesammelt wurden in Sachen Demokratie. Die gab's nämlich da. Heinrich Böll machte Anfang der achtziger Jahre in der Diskussion um „Supermächte", die alles beherrschen wollen und womöglich gleichzusetzen sind, den Hinweis, daß die USA immerhin eine Republik wären. Diese Entwicklung habe die Sowjetunion noch vor sich. Dort wurde noch nie frei gewählt zum Beispiel. Darauf mußte er hinweisen. Einige haben komisch geguckt. Mit Rußland und den anderen Republiken dort war er verbunden, reiste oft hin, hat sich für verfolgte Autoren eingesetzt. Sein Hinweis galt den Machtstrukturen.

Und so meine ich den Hinweis auf die Bundesrepublik. Es gibt ein kommunistisches Feind- und Zerrbild: die „Bonner Ultras". Nicht Kritik, sondern pauschale, totale Entwertung. Das kann dann, militärisch gedacht, untergehen oder weggemacht werden. Es gab ja Pläne. Nun ist es anders gekommen, allerdings weniger als Aktion, mehr als Abstimmung der Bevölkerung. Ich möchte, wenn ich an die Zeit nach '45 denke und die Zeit ab '33, die verbrecherische deutsche Diktatur des Nationalsozialismus, die Erfahrungen der Bundesrepublik einbeziehen. Auch die Qual der „Aufarbeitung" – eine schreckliche Wortgeburt wie „Entnazifizierung", LTI läßt grüßen – von begonnenem Krieg und durchgeführten Massenverbrechen in Auschwitz und anderen KZs, die zu beobachtende „Unfähigkeit zu trauern", wie es

Mitscherlich nannte, gehört dazu. Er setzte den Satz fort: „Eine deutsche Art zu lieben." Was sehr zu denken geben muß. Können wir feiern, aufatmen, frei sein, ohne andere zu ermorden oder in die Knie zu zwingen? Also ohne das zu wiederholen am anderen, was gerade mit einem selber veranstaltet wurde? Können wir diesen schrecklichen Kreislauf durchbrechen, auch in der Stasi-Debatte? Die ja Wahrheit bringen soll, Fakten, nicht soziales, persönliches Ausagieren am Täter. Das „Aufrechnen" mit den haßerfüllten Augen ist eine große Gefahr, siehe Jugoslawien. Wenn sich dann noch ein Milosević findet, er kann von der alten stalinistischen Garde sein, wie man sieht, ist es aus. Dann geht das Schreckliche weiter. Oder beginnt. Michnik hat in einem Aufsatz auf die alten Gespenster und Todesgefahren hingewiesen, die wieder hervorkommen können: Nationalismus, eine Variante von Nationalsozialismus, Militärherrschaft. Und der Haß auf *„den* Westen" kann von den Stalinisten kommen, aber auch von den Nationalen, den Völkischen. Fast wie im Experiment kann man studieren, wie machtsüchtige Absolventen von SED-Parteischulen ins straffe Neonazi- und Rep-Lager abmarschieren. Die Richtung ihres Hasses, auch auf Fremde, auf Unordentliche, Undeutsche, Undisziplinierte, brauchen sie nicht zu ändern. Sie haben alle auch soziale Gedanken im Kopf, das Wohlergehen des deutschen Arbeiters. Aber sicher. Dann noch weitere Skandale, der ewig lächelnde Manfred Stolpe, der im Amt ausharrende Krause, der mit der Industrie befreundete Bayer Streibl. In seiner Nähe, und nicht schlecht, wohnt auch Herr Schalck. Und andere anderswo. Die Armee unzufrieden, zu viel Abrüstung, wer braucht noch deutsche Offiziere – dann kann diese Mischung kommen. Und wir, heute, hier, werden vielleicht zum letzten Mal dran sein, die offene Gesellschaft gegen ihre Feinde zu verteidigen.

„Wir sind wieder wer" läßt sich auch heute hören. Sogar von Sozialdemokraten. So wollen sie die Depression wegschaffen in den neuen Ländern. Das Aufbaupathos kommt, das geraunte, herausgestoßene Ermuntern. Das geht über manches hinweg. „Wir haben andere Probleme als die Orden von Manfred Stolpe", sagte Frau Ministerin Hildebrandt. Sicher, andere Probleme haben wir. Aber dieses eine, das mit dem Orden, mit Roßberg, Wiegand und den anderen von der HA XX/4, so wird das also weggeschoben. Der Ton dazu, die Stimmlage, der Gesichtsausdruck, das Rechthaben-Wollen. Das ist eine Gefahr, meine ich. Wie es nach '45 das Wegflippen ins Aktive des „Aufbaus" war, das Vermeiden einer Schulddiskussion. „Nur keine Fehlerdiskussion" hieß es in der Einheitspartei. Wer sie führte, flog raus. So wurde Kritik erstickt. Sie kommt dann wieder, Jahre später, vielleicht 1968 im westdeutschen Beispiel. Dann wird es gleich härter, prinzipieller. Heute werden diese Dämmerphasen dazwischen nicht möglich sein. Zu viel passiert, zu viel erlebt. Das muß auch Richard von Weizsäcker begreifen. Wer vierzig Jahre nach dem Niedergang der Nazis einleuchtende Reden hält und das Erinnern, Aktualisieren anmahnt, kann uns nicht auffordern, etwas leiser zu sein. Wir werden nicht aufhören, Fragen zu stellen. Niemand kann das verhindern.

Wenn uns Stolpe vorwirft, „Geschichtsklitterung" zu betreiben, soll er seine Geschichte der konspirativen Treffs offenlegen. Gewiß wären dann Korrekturen möglich an mancher Einschätzung. Aber wer ging denn raus, als die Häscher und die Hundestaffeln schon bereitstanden? Zehntausende in Leipzig. Und wer gab nicht auf nach der Ausbürgerung? Wer ließ den Kontakt nicht abreißen trotz massiver Stasi-Stör-Manöver, bis hin zur physischen Bedrohung? Wenige Dissis, Autoren darunter. Man muß sich nicht schämen. Man muß auch kein Altbundeskanzler sein, um etwas dazu sagen zu können. Und man muß nicht Altbundeskanzler sein und dann ein Recht ableiten, das besser zu wissen, was andere erlebt haben. Es gibt Grenzen der Zuständigkeit, auch für hohe Ämter gilt das. Der einzelne, auch der ganz unten und scheinbar ins völlig Machtlose Geschleuderte, kann eine Stimme haben, eine Mitteilung, die durchdringt und wichtig ist. Kleine Bürgerrechtsgruppen können so manchmal mehr bewirken als Regierungen und Supermächte, gerade weil sie fast keine Macht haben. Eine komische, für die sonor und amtlich sprechenden Repräsentanten verwirrende Tatsache, die später heimgezahlt wird. Wo ist denn eure Bedeutung, fragen sie heute. Mal sehen, sagen wir, warten wir ein wenig.

Wie kommen wir denn aus diesen Jahren heraus? Ja, wir sind beschädigt von den Jahrzehnten nationalsozialistischer und kommunistischer Diktatur. Ein Blick in den Spiegel, den richtigen, wo man das eigene Gesicht sieht, falls vorhanden, auch in den anderen, den mit Anführungszeichen, oder in die Fernsehnachrichten... und dann ein wenig innehalten, falls das gelingt im Lärm und den Ablenkungsritualen unserer Zeit: Gelähmt sind wir, gezeichnet von jener tückischen organisierten Mutlosigkeit, auf die zu erzeugen sich jede Diktatur gut versteht: „Hat ja doch alles keinen Sinn... bringt nichts ein... die Großen kommen immer davon... es gibt keine Gerechtigkeit, keine Wahrheit, sieh dir bloß den Blätterwald an... Mord und Totschlag, Absahnerei, Drogen, steigende Mieten, Ausländer... was ist das für ein Gequatsche von Kultur und Toleranz, von Pluralismus und ehrlichem Wettstreit... alles Phrasen... Diskussionen sind sinnlos, nur laber, laber... wer aufmuckt, bekommt Schwierigkeiten, wird arbeitslos..." Das steckt in uns: Die fortgesetzte Herrschaft und Gewalt der noch nicht überwundenen sozialen und politischen Depression.

Die Abwesenheit von Zivilcourage und die Anwesenheit von Kuschverhalten, Unterordnung und Rückzug ins Private. Das Inhumane der erneut einsetzenden – vor allem wenn eigene Krisen kommen oder die Krise einen selbst erreicht – und seit '33 gutgeübten Gleichgültigkeit gegenüber den Leiden und den Schmerzen anderer. Die Fähigkeit zur Koexistenz mit der Lüge, der Ungerechtigkeit und dem stumpfsinnigen Ventil der Entwertung alles „Fremden", alles anderen. Im realsozialistischen Feindbild wurde zwar von der „internationalen Solidarität" schwadroniert, aber wie militant war das Feindbild gegenüber „dem Westen", den ideologischen „Abweichlern", Sozialdemokraten, „konterrevolutionären Extremisten", Zionisten und was es sonst noch alles gab! Da wurde gehetzt und auch vormilitärisch marschiert und geschossen (zuerst mit Luftgewehren bei der GST, auch für Frauen), später noch an den Grenzen. Da gab es Längerverpflichtungen, da gab es im Studium die obligatorische Militärausbildung im zweiten Studienjahr. Vielleicht kann sich hier noch jemand schemenhaft daran erinnern, es war ja gerade eben, vor Monaten, vor ganz wenigen Jahren ... Vielleicht ist jemand unter uns, der sich vielleicht noch erinnern kann, auch an das Gefühl dabei, die Enge, den Druck, das Hintraben, Unterordnen, Einfinden am Treffpunkt, die kleinen Witzchen, die Distanz andeuten sollten ... Aber den Eintrag ins Studienbuch, alles nach Plan und Soll absolviert, den wollten wir doch alle, nicht wahr? So viele Neinsager gab es doch nicht, oder? Waren alle Widerstandskämpfer? Sogar Bisky, Modrow und Krause? Sogar Höpcke im Landtag von Erfurt, der Oberzensor, die Dreckschleuder vom Dienst, wenn es mal sein mußte, auch der differenziert denkende Schöngeist an der Spitze eines wichtigen Ministeriums ... alles demokratische Sozialisten, Bürgerrechtler, Unschuldige. Die Realität verflüchtigt sich, die Kämpfe werden Scheinkämpfe, unwichtig und absurd womöglich. Es gab gar keine Gegner, Täter, Quäler. Auch Matthias Domaschk ist gar nicht tot, umgekommen in der Geraer U-Haft ... Brüsewitz, sein Flammensignal ... ein Verrückter, Zurückhaltung und Geheimdiplomatie wären besser gewesen ... Ich sage das sehr bitter und ironisch und breche an dieser Stelle ab, gehe weiter.

Noch mal zurück in die geschlossene Gesellschaft. Da wurden bestimmte Hemden getragen und Uniformen, auch Halstücher und Abzeichen. Wer die „Nationale Volksarmee" kennenlernte, wird so manchen Unteroffizier zitieren können mit den deutschen Wörtern „schwule Truppe", die den Gleichschritt nicht halten kann, von „Hottentotten" und „polnischer Wirtschaft". Die Arbeitsschuhe wurden mitunter als „Auschwitzer" tituliert, der Weg zu „Polacken", „Fidschies" und „Schlitzäugigen" war da nicht weit. In den Stuben abends heimlich Alkohol, aber nicht nur das, auch von „alten Kameraden" hörte ich und „deutscher Wertarbeit". Achtzehn war ich, als der Grundwehrdienst begann in Johanngeorgenstadt. Ich sage das auch, spreche davon, weil jetzt manchmal gefragt wird, woher das kommt. Dieses Marschieren in Dresden, die Trommel, der Marschtritt, die kahlen Schädel, das Gebrüll, das Bellen der Stimmen, der schneidige Ton: Wehrmacht, deutsche Geschichte, Armee, Volksarmee, nationale, Sport, GST, schießen und Toooor, Gegner, einmachen, wegputzen, wir und nicht sie... daher kommt das. Kommentatoren mit ihren edlen, informierten Gesichtern wissen das anscheinend nicht. Waren sie nicht beim „Bund" in Köln oder Bremen? Das Harte nicht gehört in Honeckers Reden? Das Verlogene bei Filbinger, dem Nazi-Richter, lange war er erfolgreicher Ministerpräsident. Die Olympiaden nicht gesehen im Fernsehen, die Blauhemden, die Fackeln? Die Sportbegeisterung, das Hintrimmen, Haben-Wollen, alles was anderes? Die weggedrückten Aggressionen, wenn es als Kleinkind in Krippen ging, dann Kindergarten, Hort, Schule, Internat, Kaserne... Was geschah innen? Wie lange wartet man auf Liebe, wann kommt Mama oder Papa? Die arbeiten im Dreischichtsystem. Wie lange wird gewartet innen, bevor das „egal" kommt, das Alt-Werden und Hart-Sein, das Wegdreschen der weichen, sehnsüchtigen, liebenden Gefühle? Ich spreche nicht von allen, es gab Eltern, Familien, die Nischen bauten. Christliche Kindergärten, die anders umgingen. Großeltern, die sich aufopferten, um das kleine Kind nicht wegzugeben an den Staat und seine Parolen. Und selbst in den „Kinderkombinationen" gab es noch Mitarbeiter, die nicht am Fließband erzogen: in Reih und Glied auf dem Töpfchen. Ich spreche nur von Tendenzen, von möglichen Ursachen. Weil so erstaunt geguckt wird. So unfreundlich sind die, so geladen in ihren Neubauvierteln, wenn Fremde kommen, Konflikte, Belastungsproben... Sogar anbrennen wollen die, töten...

Ein paar Stunden war ich bei der Armee am ersten Tag, 1969, da kam ein Unteroffizier herein und sagte: „Die Deutsche Wehrmacht hatte viele schlechte Seiten. Aber ihr Spindbau war vorbildlich." Gewalt bin ich immer wieder begegnet, in Kasernen, auch später im Gefängnis. Gewalt in der Sprache, gegenüber Andersdenkenden und Andershandelnden, gegenüber Frauen, Kindern, Schwächeren. Erinnern Sie sich doch, wenn Sie Armee erlebt haben. Wie gebrüllt wurde bei Märschen oder in Stuben, beim Reinigen, beim BA-Appell, „BA" heißt Bekleidung und Ausrüstung, jeder Gürtel mußte hergezeigt werden, die Sohlen der Stiefel, die Kragenbinden und Schulterstücke. Und beim Ausgang oder beim „Heimgang", am Ende der Dienstzeit, wie da „EK“ gebrüllt wurde. Das hieß „Entlassungskandidat“, nicht Eisernes Kreuz. Die Doppeldeutigkeit wurde aber grinsend anvisiert. Oder „Null“, keine Tage mehr, nach Hause, das Brüllen, Stampfen und Jubeln. Wer war denn bei der Armee in Rostock, als das Logistische zum Vorschein kam beim Steinewerfen und Anzünden der Brandflaschen? Ich kenne doch die Bewegungen, den Ton, das Abducken und Wegdrehen. Das haben sie doch gelernt. Mal an die Armee, die Wehrmacht, die „Fahne“, den „Bund“ denken bei den Untersuchungen nach Ursachen und Motiven! Die Rechten, die Nationalen, die Völkischen haben immer den Soldaten in uns angesprochen, den Unteroffizier, den Führer, den Dirigierer. Daher kamen ihre Lösungen, auch ihre Endlösungen. Achten Sie auf das Zackige, auf die Kameraderie, die Sprache, den Mund, das Aussehen der mächtigen alten Männer. Gehen Sie die Politbüros durch. Auch das MfS: der „Genosse Minister“ war stets im Dienst, ein Arbeiter, ein Soldat, ein Genosse. Jeder Stasi-Hauptamtliche hatte einen Offiziersdienstgrad, Hauptmann, Oberstleutnant...

Und dazu der historische Boden, das Ausgrenzen und Abtöten von „Juden, Zigeunern und Polacken“. Russen selbstverständlich auch. Die Großväter werden einiges erzählt haben, auch in Rostock, was herauskommt, wenn sich die Rassen und Nationen „vermischen“. Wie tief stecken diese Reflexe! Eine fremde Sprache, eine andere Haut- oder Haarfarbe, vielleicht noch vor der eigenen Haustüre, und die Depression kann umschlagen in Gewalt, Haß und Toben. Bei den Tieren werden dann „Promenadenmischungen“ erschlagen, weil es die „eigentlich gar nicht geben dürfte“. Wie Gebrechliche, geistig Behinderte, psychisch Kranke, wie „Gammler“ und Punks: Was allein das in den sechziger Jahren geprägte Wort „Gammler“ ausdrückt an Entwertung! In der Schule wurde man für wenige Zentimeter zu lange Haare aggressiv zum Friseur geschickt. Der Vater schämte sich für den langhaarigen Sohn, die Kollegen machten Bemerkungen. Und die waren keinesfalls staatstreu. „Fassonschnitt“, „ein ordentlicher Haarschnitt“, Sie wissen doch, woher das kam. Und wer dann bei der Armee war oder von der Stasi geworben wurde, der hatte dann „einen ordentlichen Haarschnitt“ und war in dieser Hinsicht akzeptiert, hatte später „seinen Wagen“, wohnte in Berlin, hatte Macht... Das war gar nicht im Abseits, im Gegenteil, hier lag, selbst bei welchen, die „anti“ waren, eine Akzeptanz. „Etwas geworden“, hieß das. Parteiabzeichen hin und her. Was heißt das heute? Ist das weg? Was macht der fesche MfS-Sportler von Dynamo irgendwo, der auch von der Abt. VIII bei schwierigen Verhaftungen eingesetzt wurde mit seinem breiten Kreuz? Welches Auto fährt der? Ich kann mir nicht vorstellen, daß er lange arbeitslos ist, daß er ohne Funktionen bleibt in dieser Gesellschaft. Da findet sich etwas. Daß wir uns richtig verstehen: Ich möchte keine soziale Ausgrenzung, im Gegenteil! Aber was hält der von den Reps? Oder ist der illegal beim Organisieren mit seinen Genossen? Was denkt er über die offenen Grenzen? „Was da alles reinkommt an Gesockse“, sagt er es so? Das meine ich.

Die Bereitschaft bleibt erhalten – oder stellt sich neu her –, Ein- und Ausgrenzungen zu akzeptieren, ja sogar herbeizuwünschen, wenn es unübersichtlich wird. Sogar die Gewalt, die dazu nötig ist, subaltern hinzunehmen, auszuführen oder gar wieder mit verdrehten Augen in Rufe, vorgehaltene Arme und „Bewegungen“ umzusetzen im „Weltmaßstab“. Demokratie, Parlament, Öffentlichkeit, Menschenrechte werden dann verlacht, verhöhnt, das ist alles erfolglose „westlich-liberale Scheiße“. Woher kam der Angriff auf Veränderungen in der Gesellschaft nach 1848? Wer hat das Verbot der Sozialdemokraten gefordert und durchgesetzt? Was für eine schlimme Verkürzung der Weimarer Republik durch Nazis und stalinistische Kommunisten auf „Volksverräter“ und verantwortlich für eine Weltwirtschaftskrise der „Wallstreet“ ... so wurden die Sozialdemokraten zerrieben, bevor eine schreckliche Diktatur begann. Dann waren die Menschenrechte weg, die man vorher geringgeschätzt hatte. Dann gab es keinen Weg mehr zurück. Nur noch ein Blutbad, ein Mitreißen in den Abgrund, als es die Nazis nicht schafften, die Welt zu unterwerfen.

Heute ist die neue Rechte der Einheitsparteistalinisten und Offiziere für Staatssicherheit und „Nationale Verteidigung“ durchaus in der Lage, „ewige Werte“ von Gemeinschaft, Sauberkeit, Ruhe, Ordnung und Disziplin hochzuhalten, wie es die alte Rechte auch getan hat und wieder etwas lautstärker propagiert, nicht nur in Deutschland. Ralph Giordano, mit dem ich befreundet bin und mit dem ich mich in diesen Tagen besonders verbunden fühle, hat mehrere Morddrohungen erhalten. Ihm wurde u. a. folgendes zugeschickt: „Todesmitteilung. Am 30. 4. 93 verstarb unerwartet der Nestbeschmutzer Ralph Giordano. Durch seinen Tod wurde Köln ein wenig sauberer. Statt Spenden erbittet der Jude, sein Vermögen zugunsten der PLO zu verwenden, um ihn in Auschwitz beizusetzen, wo er hingehört. Du Judenschwein, wir kriegen dich bis zum 30. 4. 93 allemal. Dann werden wir dir die Hoden abschneiden und du wirst deine eigenen Eier fressen. Sei besorgt. Wir kennen deinen Tagesablauf und sind immer ganz in deiner Nähe. Bis zum 28. 12. 92 wird nichts passieren, aber dann wirst du erleben, was passiert wäre, wenn unser Führer den Krieg gewonnen hätte." Das konnte nun Ralph Giordano in Köln lesen, er hat es öffentlich gemacht und den Schutz jüdischer Mitbürger durch den Staat eindringlich angemahnt. Ein Mann, der gemeinsam mit seiner Familie in Hamburg unter schwersten Umständen dem Tode entkam, ein durch die Nazis Verfolgter. In einem Keller hatte er sich versteckt, die Amerikaner kamen gerade noch rechtzeitig. Er war dann Mitglied der Kommunistischen Partei. In Ostberlin, in den fünfziger Jahren, kam er fast nicht mehr heraus, er hätte im Gefängnis landen können wie so viele abweichend Denkende. Knapp entkam er, brach dann völlig mit der Partei, schrieb ein Buch, sehr lesenswert, „Die Partei hat immer Recht", damals erschienen bei Kiepenheuer & Witsch. Berühmt wurde er mit den „Bertinis", einem großen Roman über das Schicksal seiner Familie. Als Fernsehdokumentarist hat er sich nachdrücklich eingesetzt, das Elend auch anderer Länder und Kontinente zu sehen, er machte eine Reportage über den Hunger in der Welt, die aufrüttelte. Er schrieb über die „Zweite Schuld der Deutschen", nämlich die Auschwitz-Verbrechen nicht wirklich thematisiert zu haben. Ganz ähnlich wie Heinz Brandt, der in Auschwitz war bis '45, überlebte, in Ostberlin in der SED arbeitete, dann mitbekam, was wirklich politisch lief, mit Ulbricht brach und mit dem

Ostbüro der SPD kooperierte, flüchtete, nach Ostberlin entführt wurde, Jahre im Gefängnis saß und nach einer großen Protestwelle doch noch freikam. Ich kannte ihn, auch an Heinz Brandt muß ich denken, an Manès Sperber, an Robert Havemann, an Ernst Bloch. Sie haben sich freigemacht von der stalinistischen Enge. Und weil sie sich treu blieben, also gegen Stalin und Hitler waren, wurden sie von beiden Seiten bekämpft. Jetzt erhält Ralph Giordano solche ekelhaften Drohungen. Der Grabstein Brechts wird wie auf Bestellung geschändet, als der Jüdische Weltkongreß in Berlin tagt. Schrecklich, eine Schande. Ich kann mir viele in Frage kommende Täter vorstellen.

Der „verordnete Antifaschismus" der DDR, ein Begriff von Ralph Giordano, hat offenbar nicht viel verändert, eine obligatorische Jugendweihereise ins KZ Buchenwald nicht geholfen gegen „Ausländer raus". Das Korsett des staatlichen In-Schach-Haltens ist weg, und was kommt zum Vorschein? Durchgehaltene, dumpfe Intoleranz. Ein Vergnügen am Gegenteil, am Anders-Herum. Als wäre das, worum es geht, ein pubertäres Spiel. Ich gehörte zu denen im Westen, die als ausgebürgerte Ex-DDRler vieles im Osten Deutschlands für möglich hielten, wenn erst einmal die Verhältnisse in Bewegung sind. Oder in Bewegung kommen sollten. Zum Begriff der „Bewegung" hatte ich ein eher distanziertes Verhältnis, was nannte sich nicht schon alles Bewegung! Aber, und das kann ich beweisen, mehrfach habe ich den Wechsel der Zeiten für möglich gehalten. Als ich die Kraft von Solidarnosć sah, auch das, was sich in Budapest und Prag tat, ahnte ich das baldige Ende der Honecker-Herrschaft. Aber, das fragte ich zum Beispiel auch Sozialdemokraten und Grüne, sind wir vorbereitet auf diese Situation? Nein, sagten sie. Und was kommt zum Vorschein dann? Nur Helden, Antifaschisten, Super-Demokraten? Gewiß nicht. Viel Erschöpfung wird sein, sagte ich mir, auch Töne werden kommen, die schon vergessen schienen. Ich wußte, was reisende Rentner mitunter für wünschenswert hielten, wie sehr die „Ausländer" störten beim Einkaufen in Westberlin. Dann das Schleppen zum Grenzübergang, das Anstehen in der Schlange, Ausweis-Zeigen, Ducken, darf ich wieder raus, ja nicht auffallen. Was für eine Mischung ergibt das, was wird an die Jungen weitergegeben, die drin hockten im Ländle, im Erziehungsheim? Etwas bange war mir. Gewiß, Erfahrungen liegen vor. Jetzt weiß man, was es heißt, unterdrückt zu werden. Früher hatte man das eher mit anderen Völkern gemacht. Jetzt das eigene Erleben. Aber eines wußte ich bestimmt: Der von Ulbricht und Honecker für eigene Machtzwecke instrumentalisierte und quasi-religiös beschworene Antifaschismus unter kommunistischer Flagge hatte keine festen, authentischen Wurzeln in denen, die da groß geworden sind. Das war darübergestülpt. Und die Älteren? Hatten sie je Gelegenheit, sich von Hitler und dieser eigenen Lebenszeit unter ihm zu verabschieden? Eher nicht. Ein Führerbild an der Wand wurde durch das andere, „umgekehrte" ersetzt. Unglauben erwartete ich, Verstörung, vielleicht auch die Möglichkeit, beim Aufatmen zurückzuhüpfen in alte BDM-Gefühle, in ein konserviertes, biographisch umhergeisterndes „Wir" von vor langer Zeit.

An diese Schichten, und ich wiederhole den Begriff, war der „verordnete Antifaschismus" gewiß nicht herangekommen. Zu groß war der Widerspruch zwischen Staats- und Parteipredigt und der gewöhnlichen Diktatur zwischen Ostsee und Erzgebirge. Einige werden einiges begriffen haben, es wurde aber insgesamt viel weggesehen, gefeixt und am Wochenende gegrillt. Was sollte man auch sonst tun. Aber ob es die einzige Alternative war, möchte ich doch leise bezweifeln.

Die Kindergesichter der jungen Helden mit den Brandflaschen und die Elterngesichter der Zuschauer mit den verschränkten Armen am Rande des Terror-Geschehens haben wir gut gesehen in diesen Tagen. Darunter der Vater, der verstehen kann, daß „der Junge irgendwas dagegen machen will". Und die Mutter, die „sowieso nicht mehr klarkommt", aber auch meint, „die Kinder wollen nichts Schlechtes". Ist es die Rebellion der Arbeiterklasse, ruiniert vom Stalinismus, entmutigt durch lange Abwesenheit echter Gewerkschaftsarbeit, weit entfernt von den Menschenrechtsgruppen in den großen Städten? Ich werfe Fragen auf, ohne letzte Antworten zu haben. Meine Hoffnung liegt bei denen, die sich entgegenstellen. Die nicht ausweichen. Sie sollen den längeren Atem haben. Die bereit sind zum Gespräch in Augenhöhe, aber auch zur Konfrontation mit den „Glatzen". Die etwas gelernt haben aus den Jahren der Auseinandersetzung mit dem militarisierten staatlichen Gegner. Und die wissen, daß es auch auf die gesellschaftliche Antwort ankommt bei brennender Gewalt. Diese Antwort muß möglichst gewaltfrei sein, zumindest deeskalierend wirken. Bei den großen Demos im Herbst '89 wurden ja Erfahrungen gesammelt gegen schwerbewaffnete Gegner. Auch „Zivis" waren darunter, flink und flott im Zupacken und Schlagen. Durchgekommen sind sie nicht.

Aber auch das muß ich heute sagen: Mich überraschte diese Gewalt nicht in Hoyerswerda und Rostock, andere Städte und Orte müßte ich leider noch nennen. Wenn Diktaturen so lange dauern können und weg sind in wenigen Wochen, ist es auch möglich, daß sie wiederkommen. Daß sich alte Gespenster erneut zeigen und das Vakuum füllen. Havemann, der immerhin bei den Nazis in der Todeszelle saß, hätte viele beeindrucken können, als er mit Ulbricht brach und eine ehrliche Demokratie wollte. Er wurde isoliert, in den Hausarrest gedrängt, seine Bücher standen auf den Zensurlisten. Wer sich mit ihm solidarisierte, wurde verhaftet oder schikaniert oder bedrängt, als IM, als „inoffizieller Mitarbeiter" eigene politische Zuverlässigkeit unter Beweis zu stellen. Wie voll sind die Akten von solchen Namen, von Mutigen und weniger Mutigen! Was für ein Ausmaß der „operativen Bearbeitung" durch das MfS, was für ein Drücken und Drängen, was für eine Frechheit. Wolf Biermann, dessen jüdischer Vater in Auschwitz ermordet wurde, erlebte Berufsverbot und Ausbürgerung. Für die offizielle DDR, auch in den Schulen und Universitäten, an der Humboldt-Uni zum Beispiel, galt er dann, nach 1965, als leibhaftiger Teufel. Dieser großartige Künstler konnte also nichts bewirken in Rostock und Hoyerswerda, als die Einstellungen gebildet wurden vor Ort, in der persönlichen Begegnung. Wie viele wurden ins Abseits gedrängt und ausgebürgert. Wie viele wurden als Leser, als Hörer von Tonbandmitschnitten in der vierten oder fünften Überspielung kriminalisiert. Ich weiß, daß Autoren wie Wolf Biermann, Reiner Kunze, Kunert, Sarah Kirsch an diese Leser denken. Gerade das Öffnen der Akten erlaubt erstmalig ein Erfassen und

Belegen dieser Dimension politischer Verfolgung und künstlerischer Zensur. Es erlaubt, auch in Hinblick auf Rehabilitierungen, ein Informieren, Übergeben von Dokumenten und gegenseitiges Beistehen. Es darf nicht vergessen werden, wer sich für verbotene Autoren einsetzte, eine eigene Stellung als Leser oder Hörer bezog und dann hineingezerrt wurde in dieses Räderwerk der Stasi-Verfolgung. Dazu gehört auch, daß Denunzianten benannt werden. Wer jahrelang von der Stasi aufgebaut wurde und sich benutzen ließ, die Künstler-Szene zu spalten und eigenen Kollegen das Leben schwerer machte, ist eben ein Spitzel, ein mieser Kerl. Das Schwammige muß weg, das Pseudotherapeutische, das dämpft, erklärt und vernebelt, bevor Klarheit hergestellt ist. Selbstverständlich sind die vor allem zu verurteilen, die IMs rekrutierten, Menschen in Abhängigkeit brachten und als Waffen oft gegen nächste Freunde und Kollegen einsetzten. Aber wer aktiv mitspielte, über Jahre eindrang und vergiftete, vor allem versuchte, solidarisches, beistehendes Verhalten lächerlich und unmöglich zu machen, ist eben ein Täter. Ein Vertrauenskiller. Auch ein Verräter an den Musen, an der Kunst.

Ich möchte an dieser Stelle ein Gedicht von Dylan Thomas zitieren, einige Zeilen daraus, Biermann brachte es in diesen Tagen ins Deutsche. „Freund als Feind ruf ich dich aus / Du mit der falschen Münze in der Augenhöhle / Mein Freund, du mit dem Flair, das so entzückt / Hast mir die Lüge angedreht und ohne Scham / Du gafftest auf mein heimlichstes Geheimnis / Gelinkt hast du, gelockt mit Augenzwinkern / . . . / und unvergeßlich dieses Lächeln bei der Tat / Die harte schnelle Hand im Samthandschuh / Ach und mein Herz kam unter deinen Hammer / Und warst ja auch mal'n offnes Menschenkind / Warst froh, zufrieden und vertraut mit uns / Ich hätte nie und nicht einmal im Traum gedacht / Daß du mal Wahrheit bläst wie Dreck in alle Winde / Als ich sie noch um ihrer Fehler willen liebte / Wie auch um dessentwillen was an ihnen Gutes war / Warn meine Freunde lang schon Feinde hoch auf Stelzen / Mit ihrem Kopf da oben in der Wolke des Verrats." Mehr muß eigentlich nicht gesagt werden. Decknamen können sie tragen wie sie wollen. Es geht um das, was in diesen Zeilen zum Ausdruck kommt. Vertrauen wurde verletzt. Sie gingen heimlich mit der Mafia, mit Gangstern, als Staat herausgeputzt. Und erst, wenn klar ist, was geschah, kann vielleicht gesprochen werden. Und verziehen. Aber das ist freiwillig, läßt sich nicht fordern und verordnen. Auch nicht moralisch. Von Moral lieber weniger sprechen in solchen Zusammenhängen. Man wird nur depressiv.

Ich möchte an dieser Stelle erinnern ... und ich kann es nicht nicht tun, weil ich in der Humboldt-Uni bin ... welchen Beitrag Wissenschaftler dieser Universität als Bürger der DDR geleistet haben zur Aufklärung von schweren Staatsverbrechen. Zum Beispiel, um das schwere Staatsverbrechen „Staatsfeindliche Hetze", das war der Paragraph 106 des Strafgesetzbuches, aufzuklären. Begangen wurde das Verbrechen z. B. von einem Schriftsteller, der Gedichte und Prosa schreibt und der jetzt, hoffentlich unscheinbar, in diesem Zusammenhang nur als einer unter einigen, denen es so erging, vor Ihnen steht und etwas mitteilt, etwas bezeugt. Ein kleiner Auszug:

„Berlin, den 5. 4. 1977

GUTACHTEN über die Texte von Jürgen Fuchs" (18 Seiten)

Auszug: „Dem Gutachten liegen 63 literarische Texte zugrunde, die in der Anlage im einzelnen enthalten sind. Die Texte wurden fortlaufend numeriert, was bei der Anführung von Textstellen Berücksichtigung fand. Für die Gutachter war einzuschätzen, inwieweit in diesen Texten unter dem Deckmantel der Literatur Auffassungen und Konzeptionen vertreten werden, die gegen die Staats- und Gesellschaftsordnung der DDR gerichtet sind. Die Schriften von Jürgen Fuchs sind zum großen Teil inhaltlich offen, recht oft demagogisch verbrämt, gelegentlich weniger deutlich erkennbar – weil nichtig in der Aussage – gegen die sozialistische Staats- und Gesellschaftsordnung in der DDR gerichtet. Die Art der Niederschrift läßt erkennen, daß der systematische Aufbau einer Gegenposition vorausgegangen sein muß ... Sein Ausgangspunkt ist die totale Negation der bestehenden gesellschaftlichen Organisationsformen der DDR ... *Die* Bürokraten, *der* Apparat, *die* Funktionäre – das sind die immer wiederkehrenden Worte, die in Verbindung mit Bezeichnungen wie Seelenlosigkeit, Unmenschlichkeit, Heuchelei, Brutalität usw. zur Diffamierung der gesellschaftlichen und staatlichen Organe ..." Das Gutachten unterteilt in drei Kategorien. Eine, bei der es gerade noch so geht, bei der man nicht gleich anzeigen muß. Die zweite ist äußerst bedenklich, auch strafrechtlich relevant. „Eine weitere Gruppe von Texten", ich zitiere wieder aus dem Gutachten, „wird im folgenden wegen deutlich zutage tretender Besonderheit im Bezug auf die Aussagefähigkeit der Fuchs'schen Position genannt." Jetzt werden Prosatexte angeführt, durchweg lyrische Kurzprosa aus dem Manuskript, das später bei Rowohlt kam, „Gedächtnisprotokolle", also zum Beispiel „Die Vorladung", „Der Unterricht", „An der Universität", „Die Lüge" ... Und es heißt dann wörtlich: „Die dritte Gruppe von Texten hat schwerwiegende, im wesentlichen auf Verleumdung und Diffamierung bzw. Aufwiegelung zum Widerstand gegen den Staat und gegen gesellschaftliche Organe ideelle Grundlagen." Mehr kann man einem Autor, der jung ist und seine ersten Sachen vorgezeigt hat bei Lesungen im kleinen Kreis, in der Jungen Gemeinde Jena zum Beispiel, nicht vorwerfen. Das heißt dann ab, verschwinde, Riegel vor, gesiebte Luft atmen. Inhaltlich bereits ein Langzeiturteil, die juristischen Begründungen werden von der Staatsanwaltschaft kommen, das Gericht wird brav folgen, die Stasi-Haupt-Abteilung IX verhört, drückt, setzt ihre Zellen-IMs ein, bringt an den Rand des Zusammenbruchs, dann nach dem Westen raus oder lange nach Bautzen. So ging ja das Spiel, ich kann Namen nennen. Bei mir hieß es nach fast einem Jahr harter U-Haft: Entweder sofort nach Westberlin oder Prozeß, Verurteilung, längere Haft. Ich ging dann raus, nannte es Erpressung, die Staatsbürgerschaft war weg. Der Grund waren eigene literarische Arbeiten, zum Beispiel ein Gedicht, das auch in die schlimme dritte Kategorie des Gutachtens einsortiert wurde: „IHR BLUMEN / In den Schießbuden / Verwelkt nicht / Sonst / Werden auf den blühenden Wiesen / Die lebenden / Abgeschossen." Das war dann staatsfeindliche Hetze. Sie verstehen diesen Vorgang, es ging um Knast, Verlust des Zuhauses, Trennung der Familie, sich im Westen anschließende jahrelange Nerverei durch das MfS, „weil der keine Ruhe gibt". Und wer hat das Gutachten verfaßt mit Datum und Unterschrift? Prof. Max Walter Schulz, Direktor des Instituts für Literatur „Johannes R. Becher". Ruth Glatzer, Cheflektorin des Aufbau-Verlages Berlin und Weimar. Und Frau Prof. Dr. Anneliese Löffler, Sektion Germanistik/Literaturwissenschaft der Humboldt-Universität.

Vielleicht sind welche im Raum, die in dieser Zeit Gedichte schrieben. Also stellen Sie sich das bitte vor: Ihre Briefe mit wertvoller Beigabe an die NDL, an „Sinn und Form", an Verlage, die landen dann beim MfS, werden durch die Postkontrolle, die „M"-Kontrolle aussortiert. Oder man liefert bei Nachfrage den ganzen Briefwechsel aus. Bei mir geschehen am 31.3.1977, der Generaldirektor der Akademie der Künste, Heinz Schnabel, und der stellvertretende Chefredakteur Dr. Armin Zeißler schreiben an das MfS, was sie von mir wissen und, Zitat, „fügen wir in der Abschrift den Schriftwechsel bei". Die NDL erklärte sich am 18.3.77, unterzeichnet von Walter Nowojski, Chefredakteur und Gerhard Henniger, 1. Sekretär. Ich habe am Anfang von Gefühlen gesprochen, von der Möglichkeit, daß ich die gewünschte „Sachlichkeit" nicht immer durchhalten kann unter Umständen. Hier fällt es mir schon sehr schwer, nicht aggressiv zu werden. Das ist das völlige Ausliefern. Kein Schutz, keine Solidarität von dieser Welt des Geistes. Kleine, folgenreiche Dienstleistungen für das MfS. Wie gewichtig, bis heute, der Anspruch. Große Gesten, von der Weltliteratur wird gesprochen mit bedeutungsschwangerer Stimme. Ich bin enttäuscht und desillusioniert. Nie wieder werde ich in „Sinn und Form" oder der „NDL" einen Satz veröffentlichen. Bis heute, ganz nebenbei, nicht eine Zeile der Entschuldigung. Nur dieses harte, vorwurfsvolle Schweigen. In meiner Sicht das Fortsetzen der kollaborierenden Tat.

Das alles kommt zutage durch die Akteneinsicht, die ich sehr wichtig finde. Natürlich ist all das traurig und empörend, aber wie gut tun die Fakten, das Belichten des anderen Films. Daß dieses elende Geheimnis um ihre heimtückischen Machereien weg ist, das finde ich gut, erleichternd. Viele sehen ja jetzt rein, das Informationsverbrechen wird beendet, die informationelle Selbstbestimmung der Menschen wird wieder hergestellt. Ein

Vorgang von großer Bedeutung auch für die Demokratie. Ach so, ich wollte noch die „Gebührenrechnung" vorlesen, die ich unter „Aktenzeichen 761.709 fand: „*1*. Lohnkosten für Gutachter 3324,– M. *2*. Lohnkosten für wissenschaftliches Personal 808,– M. *3*. Gemeinkosten (300 %) 12396,– M. *4*. Schreibgebühren 30,– M. Kosten der Expertise: 16558,– M. Ministerrat der DDR." Ich weiß nicht ganz genau, worauf genau sich diese Rechnung bezieht. Auf jeden Fall auf Gutachten im Ermittlungsverfahren gegen mich. Solche Gutachten wie das von Schulz / Glatzer / Löffler finden sich viele. Gegen Wolf Biermann haben sie angeschrieben, er war der Schlimmste in ihren Augen. Kunze, Schädlich ... diese Gutachter-Kollegen standen bereit. Und, das darf man nicht vergessen, auch die Institutionen, in denen sie beschäftigt waren. Sie unterzeichneten ja mit ihren Namen und mit „Sektion Germanistik der Humboldt-Universität" oder „Aufbau-Verlag". Ich sage das ausdrücklich an diesem Ort, es gibt ja Zuständigkeiten und so etwas wie Verantwortung.

Noch ein anderes Beispiel. Es gab in der DDR eine sehr interessante Zeitschrift der Berliner Bürgerrechtsszene, ein „Informationsblatt", wie es hier genannt wird, „Grenzfall". Es haben Freunde wie Ralf Hirsch, Bärbel Bohley, Michael Kukutz mitgearbeitet. Es gab 1987/88 Hausdurchsuchungen. Auch das Wegschaffen von Druckmaschinen aus kirchlichen Räumen, Zionskirche. Unabhängige eigene Zeitschriften, „Samisdat", das wollte man schon auch in der DDR. In Ungarn, der Sowjetunion, in der Tschechoslowakei gab es das lange. Im Deutschen gab es immer die Westverlage und die Medien, kein schlechter Umstand, oft eine Hilfe. Aber wie entsteht das Eigene, das war die Frage. Bis heute interessant, eine Herausforderung. Geht die Forderung, der Wunsch nach „dem Eigenen", ins Leere? Ich meine jetzt nicht das Separierte, Abgeschottete. Das auf keinen Fall. Nun, „Grenzfall" versuchte, dort anzuknüpfen. Mit Erfolg. Leser wurden erreicht. Die Stasi wurde sofort hektisch. Ich zitiere jetzt: „15. 1. 88. Gutachten über das Informationsblatt ‚Grenzfall'. Die Generalstaatsanwaltschaft der DDR beauftragte die Gutachter Prof. Dr. jur. T. Luther, Prof. Dr. phil. A. Seidel,

Prof. Dr. phil. habil G. Söder im Ermittlungsverfahren wegen Straftaten gegen den § 218 des StGB ‚Zusammenschluß zur Verfolgung gesetzwidriger Ziele' zu folgenden Fragen Stellung zu nehmen ...“ Dann wird „Grenzfall“ analysiert, es ist ein ganz schreckliches staatsfeindliches Hetzblatt, das besonders eines versucht, den Zusammenhang mit der Opposition in Polen, Ungarn und der Tschechoslowakei herzustellen. Das war wirklich die Absicht, nebenbei gesagt. Es sind ja '88 viele Menschen inhaftiert worden und ausgebürgert, „Gegenschlag“ nannte das MfS diese „Aktion“, ich erinnere an Freya Klier und Stephan Krawczyk. Die Gutachter kommen zu dem Urteil, das sind Konterrevolutionäre, man muß sie anklagen, die Stasi hatte sie schon verhaftet. Dann fällt ihnen noch ein, daß zwar der „Grenzfall“ zu begutachten ist, aber es muß auch noch hingewiesen werden darauf, daß die „Umweltblätter“ auf die Linie des „Grenzfall“ eingeschwenkt sind ... Die also auch noch weg. So eifrig waren sie. Das erinnert mich an den Spitzel Böhme, der bei einigen IM-Berichten darunter schrieb, „darf ich noch das und das zu bedenken geben, weil es auch gefährlich werden könnte“. Es war gar nicht die Frage danach.

Und um das Ganze, fast möchte ich zynisch sagen, „rund zu machen“, bleibe ich immer noch bei der Humboldt-Uni. Weil wir uns heute gerade hier befinden. Ich wechsle jetzt zu einer anderen Sektion. „Humboldt-Universität zu Berlin, Sektion Kriminalistik. DDR, 1086 Berlin, Postfach 1257, Expertise Nr. A 31/88. Gutachten mit Schreiben vom 5. 2. 88. Der Generalstaatsanwalt der DDR ersucht den Direktor der Sektion Kriminalistik der Humboldt-Universität zu Berlin gemäß § 39 um die Erstattung eines Sachverständigengutachtens zu dem Ermittlungsverfahren gegen Ralf Hirsch und sechs andere ...“ Sie waren in Haft, ich erwähnte das schon. Wissenschaftler anderer Sektionen leisteten ihren Beitrag, jetzt kommt das kriminalistische Gutachten. Ein sehr interessanter Mann tritt in Erscheinung, ehemaliges Mitglied der Organisation Gehlen und des BND, dann übergelaufen in die DDR, Herr Felfe. Mittlerweile war er zum Professor avanciert, wie ich dem Schreiben entnehmen konnte. Prof. Dr. H. Felfe, Gutachter. Und Prof. Dr.

Stelzer, Direktor der Sektion Kriminalistik der Humboldt-Universität, Berlin am 12.2.88 ... er begleitete das Gutachten. Ich nenne Namen, Daten und Arbeitsorte bewußt, um das Ganze ein wenig konkret zu machen. Vielleicht hören auch Anwälte zu. Dieses Gutachten hat jetzt nachzuweisen, daß Leute wie Ralf Hirsch, auch Roland Jahn, „geheimdienstlich gesteuert“ sind. Und jetzt haben Felfe und ein anderer, der auch ganz bekannt ist, wir nähern uns einem James-Bond-Szenarium, Herr Tiedge, ihre Aufgaben. Tiedge und Felfe werten schriftlich, auf universitärem Papier, daß objektiv die beschuldigten Leute in großer Übereinstimmung mit Geheimdienstinteressen der Bundesrepublik handeln. Nur als Anmerkung: In unseren Akten steht bis Ende '89 drin, daß eine geheimdienstliche Tätigkeit nicht nachzuweisen ist. Das hat den Grund, daß Menschen wie Ralf Hirsch und Roland Jahn, auch ausgegrenzte Schriftsteller, keine Geheimdienstvasallen waren, sondern eigenständig denkende und handelnde Leute. Wir haben nicht in jungen Jahren die Kooperation mit dem MfS abgelehnt und es vorgezogen, dann als Feinde bearbeitet zu werden von ihnen, um später in andere „Dienste“ zu treten. Von Überläufern wie Felfe und Tiedge wurde also behauptet, was z.B. von der MfS-Abteilung IX, zuständig für Untersuchungen, Verhöre und auch Gutachten, nicht bestätigt werden konnte. Eine Kriminalisierungsbrücke wurde gebaut. Die Humboldt-Universität war auch hierbei direkt beteiligt.

Ich springe zurück, das war ein kleiner Ausflug aus aktuellem Anlaß. In der Hauptstadt werden Agentenprozesse gegen die Opposition vorbereitet, der „Sputnik“ wird verboten, das Dokument über Kultur des Streites zwischen SED und SPD scheitert, die SED pfeift zurück ... Immer klarer wird, daß ihre politische Struktur nicht reformierbar ist. Und in kleinen Städten, nehmen wir zum Beispiel Zwickau-Neuplanitz, hängen junge Leute vor Neubaublocks herum, ziehen sich dann Jacken über und reden vom Führer. Den, und das ist mein Einwurf, immerhin eines mit den Stalinisten verband: sein Haß auf die Demokratie, auf Juden und Ausländer, und die Bejahung der Gewalt, des Krieges und des Tötens.

Was wissen die Lehrer aus Rostock, in „PH"s ausgebildet, Pädagogischen Hochschulen der Margot Honecker, von Camus, Glucksman und Popper, die gegen jede Form von Diktatur auftreten in ihren Büchern, auch im persönlichen Verhalten? Was wissen sie von Manès Sperber, dem Schriftsteller und Individualpsychologen, von den Nazis aus Deutschland vertrieben, von den Stalinisten Zeit seines Lebens, er starb 1984 in Paris, auf die Zensurlisten gesetzt? Schon vor den faden, PDS-nahen „Komitees für Gerechtigkeit" konnte man wissen, daß neben der Freiheit die Gerechtigkeit ein besonders wichtiger Wert ist. Sperber verwies in seinen Essays auf die verheerenden Wirkungen des Mangels und der Benachteiligung, der sozialen Demütigung. Als eine Voraussetzung für die Freiheit des einzelnen und der Gesellschaft betrachtet er das Frei-Sein „von wirtschaftlicher Not und von der Furcht davor, daß sie plötzlich in das Leben eindringen könnte". Das muß man heute unbedingt wissen und beachten. Wenige werden den Namen Sperber kennen.

Heute haben wir wichtige politische Freiheiten erkämpft, können uns aber oft nicht wirklich frei fühlen. Weil eine neue Furcht da ist, sozial zu scheitern. Weil es an Vertrauen fehlt in eine gerechte, humane Zukunft. Versprechungen gab es genug, vor allem der gepredigte Sozialismus setzte sie massiv ein. Das makabere Ergebnis ist bekannt. Da waren wir noch abgetrennt vom Westen Deutschlands. Nun weht, neben enormen Chancen auf fast allen Gebieten, ein merkwürdiger kalter Wind. Ein Äugen und Rechnen ist da, auch ein Abhetzen, Hocken und Klagen und Losschlagen. Geld ist wichtig, Haben, Beziehungen, Know-how. Und dann die jungen Gesichter mit den rasierten Köpfen. Alles beginnt vielleicht von vorn. Auch der herrische Irrtum von der falschen Alternative.

Bist du nicht für uns, bist du gegen uns. Wer mit den anderen geht, ist unser Feind. Wer gegen unseren Feind ist, ist unser Freund. Dazwischen gibt es nichts. Wer–wen, das ist und bleibt die Frage. „Wer ist wer", das fragte die Stasi und meinte eine „differenzierte Personenaufklärung" nach ihrer Art. Es konnte eine „negativ-feindliche Person" sein oder ein „Personenzusammenschluß", gemeint waren Menschen. Dann kamen die „aktiven

Maßnahmen", die Zersetzungspläne und ihre Ausführung. Das war auch Gewalt, Angst-Mache, Abhängigkeit und Lüge! Eine Atmosphäre des Heimlichen und Brutalen geht von Menschen aus wie Filbinger, Mielke, Mittig, Buhl, Wiegand. Sie sind und waren unsere Mitmenschen, das stimmt. Aber tief sitzt in den Seelen, was an Angst angerichtet und an Druck ausagiert wurde. Und dann, der jeweiligen totalitären Logik folgend, kann die „Alternative" kommen. In Bautzen wurden haßerfüllt Hakenkreuze eintätowiert in die Haut von Gefangenen. Das Brutale setzt auf neue Brutalität. Die Faschisten, nicht erst im Spanischen Bürgerkrieg, setzten voll auf die falsche Alternative, die bedrohlichste Erpressung unserer Zeit. Wie in der Anti-Hitler-Koalition: Wer Stalin kritisiert, ist für Hitler. Also mußte der Kritiker „ausgemerzt" werden. In Spanien geisterten ja die Politkommissare herum, siehe Mielke, mit Befehlen aus Moskau. Die Demokratie gerät in den doppelten Würgegriff: von rechts und pseudolinks. Alles sind dann Antworten, Gegenreaktionen und „notwendige Entscheidungen der Machtfrage". Was tun? Natürlich bin ich für Gespräch und Dialog, wo so etwas möglich ist, für gewaltfreie Auseinandersetzung, für Aufklärung und Bildung.

Aber ich bin dagegen, auf brennende Unterkünfte von bedrohten Menschen, und es geht um ihr Leben, nur pädagogisch oder sozialarbeiterisch zu reagieren. In Leipzig, als '89 die Demonstrationen begannen, saßen die Menschen in Kirchen, bewältigten ihre Angst und gingen dennoch „raus", auf die Hundestaffeln und waffenstrotzenden Uniformen zu. Nachdrücklich, entschieden, aber ohne Gewalt. Sie fühlten, daß sie die Grenze erreicht hatten. Auch heute berühren wir eine Grenze, nach meiner Ansicht. Es ist eine alte Grenze, keine neue, eine alte Grenze, aber eine sehr harte Grenze. Es ist die zwischen Leben und Tod, es ist die Todeslinie. Die humane Orientierung muß sich stellen, sie darf nicht wegsehen, weggehen, entmutigt den Kopf einziehen oder es nur der Polizei überlassen. Möglichst gewaltfrei müssen wir „Fremde" und uns selbst schützen. Auch diese junge Demokratie, die es vielleicht hier noch gar nicht richtig gibt. Ich spreche die Bürgerrechtler an, auch mich selbst, auch Sie, sich zu erinnern, was der tschechische Philosoph Patočka, er erlitt bei einem Verhör einen Herzanfall und starb, in einem seiner Aufsätze sagte: Es lohnt sich, für das Gute, für die Menschenrechte zu leiden. Vaclav Havel hat es immer wieder zitiert, wahrscheinlich auch als Selbstermutigung. Weder die Faschisten noch die Stalinisten noch neue alte Brandstifter dürfen durchkommen. Es ist eine Machtprobe.

Ich erinnere an ein Beispiel von Mut, das sehr mit diesem Thema zu tun hat. Aus Dokumenten, die Freunde bei der Einsicht in MfS-Akten fanden:

„HA XX/8 30. 9. 88

An HA XX/2 u. HA XX/9

Gen. Lohr Gen. Edel

Information

zu Vorkommnissen an der EOS Carl v. Ossietzky, Berlin-Pankow

Seit Beginn des Schuljahres 1988/89 wurden an der EOS Carl von Ossietzky durch Schüler dieser EOS verursacht folgende politisch-negativen Vorkommnisse bekannt:

- am 11. 9. 88 wurden während der Gedenk-Kundgebung für die Opfer des Faschismus 8 namentlich bekannte Jugendliche herausgelöst..., die selbstgefertigte Transparente mit der Aufschrift ‚Wir wollen keine Neonazis' mit sich führten.
- am 12. 9. 88 war an der Wandzeitung der EOS ein Artikel folgenden Inhalts angebracht worden: ‚Wir meinen, daß eine Machtergreifung von Solidarnosć erforderlich ist, um Reformen nicht im Sande verlaufen zu lassen.'
- am 13. 9. 88 wurde ein posterähnlicher Aushang angebracht, in dem die Militärparade am 7. 10. 88 verunglimpft und zum Verzicht darauf aufgerufen wird: ‚Wir lehnen die Parade am 7. 10. 88 in Berlin ab, denn Säbelrasseln, Demonstrationen der militärischen Stärke und Zurschaustellung todbringender Waffen ist nicht mehr zeitgemäß.'

Von seiten des Direktors der EOS sind folgende Maßnahmen vorgeschlagen worden, die auch die Zustimmung der Genossin Margot Honecker gefunden haben:

- Relegierung von der EOS
- Verweis und Umschulung

Die notwendigen Schritte zur kurzfristigen Realisierung der Relegierung sind vollzogen worden."

Ich möchte, daß diese Beispiele von Mut wahrgenommen werden. Daß ein Respekt entsteht, eine Erinnerung, eine Wertschätzung. Ich bewundere die Initiative dieser Schüler. Sie waren sehr viel mutiger als viele ihrer Lehrer. Stellen Sie sich das bitte vor auf dem Hintergrund der Ereignisse von Rostock und Hoyerswerda: Aus einer Demonstration für die Opfer des Faschismus werden diese Schüler „herausgelöst" 1988, weil sie ein Transparent tragen mit der Aufschrift „Wir wollen keine Neonazis". Das war ein „politisch-negatives Vorkommnis", so etwas zu fordern! Sie wußten, was in Schülerkreisen vor sich ging, sie kannten die Ereignisse in der Zionskirche, wo es einen Skinhead-Angriff gab. Über „verordneten Antifaschismus" durfte nicht diskutiert werden, auch nicht über Solidarnosć und Militärparaden. Es gab auch ein in den Stasi-Akten beweisbares Gleichsetzen von offenen Friedensgruppen und Schlägern von rechts. Nun ist auch diese Quittung da. Ich zitiere das so ausführlich, weil ich nicht will, daß diese irre Widersprüchlichkeit vergessen wird.

Und jetzt erinnere ich, das ist der Bogen zu meinen ersten Ausführungen, an ein Beispiel von Unterdrückung. Das Dokument fand sich im Schrank eines „Erziehers" des Jugendwerkhofes Torgau, in dem Minderjährige durch Arbeitsdruck, Sport bis zur Erschöpfung und auch Isolation in Gefängnis- und Arrestzellen gehalten wurden. Zwei Arrestzellen im Keller habe ich mit eigenen Augen gesehen, es fanden sich Einritzungen an Wänden und Türen von 1988 und 1989! Auf der schon erwähnten Tagung sprach mich eine Frau des dortigen Bürgerkomitees an und bat mich, doch noch den Jugendwerkhof zu besichtigen. Ich wollte eigentlich nach Berlin zurück, es war Samstag, die Kinder warteten. Sie sagte, es sei wichtig, vielleicht wäre es möglich, mehr Öffentlichkeit herzustellen. Also gut, ich ließ mich überreden. Wir gingen durch ein paar Straßen der Stadt, kleine Häuser, kleine Entfernungen, alles ganz nah und mitten in der Stadt. Dann eine sehr hohe Mauer, ein modernes Gefängnistor, ein Kinderknast. Diese Einrichtung, erklärte man mir, unterstand dem Ministerium für Volksbildung, nicht dem MdI oder dem MfS. Also Frau Margot Honecker, jetzt Chile, unterstand diese Einrichtung. Sehr moderne Stahltüren an der Einfahrt, moderner als im Stasi-Zentralgefängnis in Hohenschönhausen. Die Gebäude leer, einige Fensterscheiben zerbrochen, tote Vögel auf dem Fußboden, sie hatten sich verflogen, hatten den Ausgang nicht mehr gefunden. Eine berührende Symbolik. Von Suizidversuchen hörte ich, die in der Einrichtung vorgekommen waren. Es soll eine Art Endstation gewesen sein, vor allem für „Ausreißer“, für Kinder und Jugendliche, die sich nicht ein- und unterordnen wollten in anderen Heimen. „Torgau“ hatte einen schlimmen Ruf. Ich zitiere jetzt eine Art Aufsatz, stellen Sie sich eine Kinderschrift vor, mit Bleistift, ein gefundenes Dokument. Ich nenne es historisch:

„Der Schnürsenkel

(Wie ich meinen Schnürsenkel auf und zu mache)

Da ich meine Schnürsenkel nicht geöffnet habe muß ich einen Aufsatz schreiben. Ich störe mit dem nicht öffnen meiner Schnürsenkel das harmonische Bild im Umkleideraum. Außerdem kann man dafür oder der jenige der den Umkleideraum säubert durch meine Schuld beim Durchgang einen Punkt bekommen und das heißt das damit also durch einen Punkt auch der Durchschnitt in Ordnung in der Woche gedrückt wird. Ich habe zwei Paar Schuhe, ein paar Hausschuhe und ein Paar Turnschuhe, in diesen Schuhen habe ich zwei paar Schnürsenkel. Wenn ich die zwei paar Schuhe anziehe mach ich die Schnürsenkel zu und wenn ich die Schuhe ausziehe mache ich die Schnürsenkel auf. Die Schnürsenkel dienen dazu durch das zusammenziehen des Leders den Schuh fest an meine Beine zu klemmen. Es gibt verschiedene Schnürsenkel z. B. runde, flache oder auch Kordelschnürsenkel. Wenn meine Schnürsenkel offen sind und es heißt antreten oder durchrücken, könnte es ja passieren das ich meinen Vorder- oder Hintermann mir auf meinen Schnürsenkel tritt und ich dadurch zum Fall komme und mich verletzen kann. Es gibt auch Schnürsenkel die zulang sind für den jeweiligen Schuh und da sollte man anstatt eines normalen Knotenschieber einen Doppelknoten verwenden, denn dadurch wird der Schnürsenkel paßgerecht gemacht und es kann nicht mehr dazu kommen, daß ich oder irgendjemand anderes auf meine Schnürsenkel tritt... So nun zu mir selbst. Erst einmal möchte ich sagen, daß ich meine Schuhe jetzt immer öffnen werde also die Schnürsenkel wenn es auch ganz schön schwer fällt das immer einzuhalten, denn erstens mach ich damit meine Turnschuhe kaputt die nach mir ja auch noch jemand anziehen will, drittens weil es meine Pflicht ist die Schuhe zu öffnen denn wir wollen ja hier auch die Ordnung am eigenen Mann verbessern und korrigieren und lernen mit unseren Schuhen in diesem Fall gehören sie ja dem Staat also dem Werkhof Torgau... Ich habe auch keine Lust nochmal einen Aufsatz über einen Schnürsenkel zu schreiben. Denn beim nächstenmal wird der Aufsatz länger und weiter muß ich dann zweitausendmal aufschreiben, ich darf meine Schuhe nicht ohne öffnen meiner Schnürsenkel ausziehen oder so ähnlich war das. Und dazu habe ich nun wirklich keine Lust. Bis jetzt habe ich meine Schuhe immer geöffnet und das sage ich ohne zu lügen. So merke ich selbst habe ich Lehren daraus gezogen das ich sieben Seiten über den Schnürsenkel schreiben mußte..."

Wahrnehmungen in Deutschland, in Torgau. In den Arrestzellen im Keller standen Kinderpritschen aus Holz. Ich werde nie diese kleinen Pritschen vergessen. Eine Historikerin aus Westberlin, sehr engagiert im Aufdecken von historischen Zusammenhängen in Torgau, wollte es nicht glauben: „Diese Zellen sind von früher", sagte sie. Nein, ich konnte sie überzeugen, ihr die Einritzungen zeigen, die Spuren der Benutzung. „Früher, nicht jetzt. Anderswo, nicht hier und bei uns." Es gibt also eine Anklageschrift gegen die Herrschenden, gegen die Verantwortlichen. Es ist dieser Kinderaufsatz über den Schnürsenkel. Er wird die Täter verfolgen bis ans Ende ihrer Tage. Als ich ihn las, mußte ich weinen.

Peter Bender

Wege zu einer Nachkriegsgeschichte Deutschlands

Die Geschichtsschreibung geht mit der Geschichte. Wie Deutschland sich teilte, so teilte sich auch die Historiographie über Deutschland, es vollzog sich darin das gleiche wie in der Politik und im Empfinden der meisten Deutschen, vor allem der Westdeutschen: Die Teilung wurde von der Hauptsache, die sie noch in den fünfziger Jahren gewesen war, zu einer Nebensache, die immer mehr an Bedeutung verlor.

So war es nur folgerichtig, daß die Geschichte der Teile wichtiger wurde als die Geschichte des Ganzen. In der DDR kam hinzu, daß kein Historiker dort wagen konnte, eine gesamtdeutsche Geschichte der Nachkriegszeit zu schreiben. Auch die Bundesrepublik wurde für ihre Historiker zum Hauptthema, für die meisten sogar zum einzigen. Allein der eigene Staat erschien der Beachtung wert, und von dem anderen wußten die meisten wenig und machten sich, von rühmlichen Ausnahmen abgesehen, nicht die Mühe, mehr zu erfahren. Die DDR-Geschichte blieb Sache von „DDR-Forschern", von Spezialisten, die sich ausschließlich mit der DDR beschäftigten und ihrer Herkunft nach meist gar nicht Historiker sind.

So ergab sich ein merkwürdiger Zustand. Wer über Deutschland schrieb, beschränkte sich meist auf die Bundesrepublik – die DDR blieb draußen, weil sie „Osten" war. Wer über den Osten schrieb, beschränkte sich auf die Länder jenseits der Oder – die DDR blieb draußen, weil sie Deutschland war. Und wer über die DDR schrieb, beschränkte sich auf die DDR, weil sie weder Osten noch Deutschland war.

Dabei entstanden erstaunliche Lücken. Obwohl das gesamtdeutsche, später innerdeutsche Ministerium großzügig Forschung finanzierte, gibt es nicht einmal eine offizielle Geschichte der Bonner Deutschlandpolitik, sondern nur Dokumentationen und Propagandaschriften. Ebenso fehlt eine Geschichte der Deutschlandpolitik der DDR, im Westen findet man dazu nur einen Artikel im DDR-Handbuch, im Osten nur Agitprop-Materialien. Und ganz vergeblich bleibt die Suche nach einer Zusammenfassung, in der die Bemühungen und Versäumnisse beider Seiten dargestellt werden. Vierzig Jahre lang haben die Deutschen ihre Teilung beklagt, aber eine Geschichte ihrer Teilung vermochten sie nicht zu schreiben.

In den achtziger Jahren wurde die Beschränkung auf die Bundesrepublik mehrfach durchbrochen und auch die DDR in die Darstellung einbezogen, doch gerade die löblichen Versuche, ganz Deutschland zu bedenken, machen deutlich, woran es fehlt. Nach 1949 oder spätestens nach 1955 trennen sich die Berichte in einen West- und einen Ostteil, Bundesrepublik und DDR werden neben- oder nacheinander, aber kaum miteinander behandelt. Ein Ganzes, eine Geschichte Deutschlands, kommt nicht zustande.

Die Jahre 1989/90 bilden eine Zäsur auch für den Historiker. Ganz gleich, wie er politisch darüber denkt, er kann nicht davon absehen zu fragen, was die unerwartete Vereinigung Deutschlands für unser Geschichtsbild der letzten Jahrzehnte bedeutet. Alle begründete Sorge vor einer deutsch-nationalen Renaissance läßt sich durch Ignorieren nicht überwinden. Die staatliche Vereinigung ist eine Tatsache und eine Verständigung der getrennten Deutschen eine Notwendigkeit, dazu gehört auch eine Verständigung über die Vergangenheit. Wie die Teilung eine geteilte Geschichtsschreibung hervorbrachte, so wäre jetzt nach Ähnlichkeiten und Gemeinsamkeiten zu suchen. Vor allem wäre zu prüfen, ob und wie sich die Nachkriegsgeschichte Deutschlands auch als Einheit auffassen läßt.

Einen einfachen Weg gibt es sicherlich nicht, man wird es auf verschiedenen Wegen versuchen müssen, ohne zu wissen, ob man zum Ziel gelangt. Sicher erscheint nur: Es genügt nicht, sich auf die neuen Quellen zu stürzen und Einzelprobleme zu klären, so wichtig sie sind. Wir müssen das Ganze neu bedenken und fragen, ob es in den vergangenen vierzig Jahren ein Ganzes geblieben ist und wie es sich als Ganzes erfassen läßt. Oder ist die Teilung so tief gegangen, daß gar nicht mehr zusammengehörte, was zusammengefügt wurde? Antworten sind erst von einer breiten Diskussion zu erhoffen; die folgenden Ansätze zu einer gesamtdeutschen Geschichtsschreibung können nur ein Versuch sein.

Der erste Ansatz ist der älteste: Wir sollten zurückgehen zur gemeinsamen Vorgeschichte der getrennten Staaten. Was wirkte weiter aus der Zeit des Kaisers, der Weimarer Republik und des Nazireiches? Wieviel Kontinuität gibt es im Guten und Schlechten unter der Oberfläche neuer Verhältnisse? Wieviel hat sich wirklich und wesentlich verändert? Die DDR sei „deutscher“ geblieben, sagt man, und die Bundesrepublik habe sich ganz „verwestlicht“. Sind der allgemeine Rechtsruck heute und die Exzesse gegen Ausländer nur aus der Gegenwart zu erklären? Oder meldet sich hier auch die Vergangenheit wieder? All das sind Fragen auch an den Historiker. Etwas tiefer setzen Wirtschafts- und Sozialhistoriker an: Welche Strukturen überlebten hier und welche dort? Was und wieviel modernisierte sich? Manche Veränderungen in West- und Ostdeutschland ähneln sich frappierend; nur die Form und das Tempo, in denen sie zustande kamen, unterscheiden sich sehr. Einzelhandel und Einzelbauern zum Beispiel starben beiderseits der Elbe.

Der zweite Ansatz ist neu: Wir sollten versuchen, Deutschland von außen zu betrachten. Es wäre das Gegenteil dessen, was man gemeinhin tut: nicht das europäische Umfeld so weit skizzieren, wie es für das Verständnis der deutschen Entwicklung nötig erscheint, sondern die europäische Entwicklung darstellen und sehen, welchen Platz Deutschland darin einnimmt. Dabei wird sich vermutlich herausstellen, daß Deutschland oft als Einheit erscheint; zumindest als Problem bildete es immer eine Einheit, und von diesem Problem, der Teilung der größten zentraleuropäischen Nation, konnte niemand absehen, der in Europa Politik machte.

Die Großmächte hatten Deutschland geteilt und blieben, wie die meisten europäischen Staaten, interessiert, es geteilt zu halten; aber im Westen wie im Osten hörten die Zweifel nie auf, ob das zweistaatliche Deutschland eine dauerhafte Lösung der deutschen Frage sein könne. In Deutschland hingegen, vor allem in der Bundesrepublik, wurde zwar unverdrossen die „Offenheit" der deutschen Frage beschworen, aber die Aussicht auf Vereinigung immer skeptischer beurteilt: Wenn überhaupt, dann erst irgendwann im nächsten Jahrhundert! Etwas überspitzt gesagt: Die anderen haben Deutschland faktisch geteilt, im stillen aber meist weiterhin als Einheit betrachtet; die Deutschen, vor allem im Westteil, haben viel von Einheit geredet, im Denken und Empfinden aber die Teilung angenommen.

Jetzt aber, nach der Vereinigung, erscheint es geboten, uns einer Einsicht zu erinnern, die hundertmal ausgesprochen wurde: Die deutsche Teilung war der Spezialfall der europäischen Teilung, und Berlins Teilung war der Spezialfall des Spezialfalls. Wer so ansetzt, nimmt einerseits dem deutschen Schicksal seine Einmaligkeit und entgeht der Gefahr der Nabelschau. Er kann andererseits die Besonderheiten der deutschen Entwicklung im Vergleich zur europäischen scharf herausarbeiten.

In der ersten Periode, bis zum Ende der Berlin- und Kuba-Krise 1962, war ganz Deutschland Streitobjekt, Streitursache und Kampffeld für Ost und West. Zwischen Bundesrepublik und DDR herrschte nicht nur, wie sonst in Europa, kalter Krieg, sondern kalter Bürgerkrieg, unter feindlichen Brüdern ist alles schlimmer; und im Zentrum des Konflikts, in Berlin, ereigneten sich die übelsten Exzesse und entstanden die gefährlichsten Situationen.

Auch unterschieden sich die Deutschen von den anderen Europäern. Von der Nazi-Vergangenheit bedrückt, fanden sie Entlastung, indem sie sich beim neuen Kampf bewährten; im Westen wurden sie die besten Demokraten und im Osten die tüchtigsten Kommunisten, die es je gab. Und da die Frontlinie des kalten Krieges durch ihr Land ging, befanden sich – und blieben – beide in einer besonderen Lage. Sie verlangten und erhielten von ihren Verbündeten Rücksicht und Hilfe, denn sie waren oder fühlten sich mehr als andere bedroht; außerdem hatten sie ihr nationales Problem und obendrein noch ihre Not mit Berlin. Bundesrepublik wie DDR wurden ihren Alliierten einerseits unentbehrlich, andererseits aber auch zur Last.

In der ersten Periode, der Kampfzeit zwischen West und Ost, blieben die Deutschen engagierte Teilnehmer der europäischen Entwicklung. Doch als Washington und Moskau wie auch die Europäer beider Seiten Entspannung suchten, um den Konflikt zu entschärfen, blieben Bundesrepublik wie DDR zurück. Die Deutschen waren zu tief geteilt, um sich sogleich am Brückenbau zu beteiligen. So wurde Deutschland in den sechziger Jahren zum Hindernis für Europa.

Bonn versuchte, Fortschritte bei der europäischen Entspannung an Fortschritte bei der deutschen Vereinigung zu knüpfen; erst die große Koalition fügte sich in die Gesamtentwicklung des Kontinents ein und bekannte sich zum Vorrang der Entspannung: Nur wenn Europa wieder zusammenwachse, könnten auch die Deutschen wieder zur Einheit kommen. Doch das Haupthindernis blieb: Der Anerkennungsstreit zwischen Bonn und Ostberlin blockierte fast jede gesamteuropäische Veranstaltung, denn Moskau bestand darauf, daß die DDR dabeisein müsse, und Bonn beharrte erfolgreich bei seiner Weigerung, sich mit Ulbrichts Leuten an einen Tisch zu setzen.

Die dritte Periode begann 1969 und war dadurch gekennzeichnet, daß die beiden Haupthemmnisse für eine umfassende Entspannung fortfielen. Der neue Präsident Nixon versprach, den Vietnamkrieg zu beenden; damit war das größte Hindernis zwischen Washington und Moskau fortgeräumt. Der neue Bundeskanzler Brandt bestätigte den Polen ihre Westgrenze und beendete den Anerkennungskampf mit der DDR, damit wurde Europa so weit von der deutschen Frage entlastet, wie das Grundgesetz und die Siegerrechte es erlaubten. Deutschland hörte auf, die Verständigung zwischen Ost und West zu behindern; der Weg zur gesamteuropäischen Konferenz (KSZE) und zu Verhandlungen über Truppenreduzierung in Mitteleuropa wurde frei. Aber nicht nur das. Die einstigen Bremser bei der Entspannung wurden zu deren Vorreitern, für kurze Zeit zog die Bundesrepublik sogar ihre Verbündeten hinter sich her: Ihr Vertrag mit Moskau ermöglichte das Berlin-Abkommen der Westmächte mit Moskau und erleichterte Nixon die Verhandlungen mit Breschnew.

Zunächst jedoch waren bei Amerikanern, Briten und Franzosen die alten Sorgen erwacht: Erstmals betrieben die Westdeutschen, ohne zu fragen, eigene Politik im Osten; und die einzigen, die ihnen die Wiedervereinigung geben konnten, waren die Russen. So versuchte man vorzubauen: Je weiter Bonn sich mit Moskau einließ, desto stärker betonten die Westmächte ihre Rechte auf „Deutschland als Ganzes". Auch die Sowjetunion schwenkte auf diese Linie ein und nannte ihre Streitkräfte nicht mehr „stationiert in der DDR", sondern „stationiert in Deutschland".

Die vierte Periode bahnte sich schon Ende der siebziger Jahre an und erreichte ihren Höhepunkt mit dem sowjetischen Einmarsch in Afghanistan, dem polnischen Kriegsrecht und der Stationierung sowjetischer und amerikanischer Mittelstreckenraketen. Washington und Moskau schienen in einen neuen kalten Krieg zu geraten, die meisten Europäer beider Seiten versuchten, die Entspannung zu retten, soweit es die Bündnisdisziplin erlaubte. Die DDR beteiligte sich daran ebenso wie die Bundesrepublik. Ostberlin war wie Bonn zu der Einsicht gelangt, daß beide Staaten einige elementare Interessen gemeinsam hatten; ihr Verhältnis normalisierte sich, und sie kamen, obwohl mit vielerlei Irritationen, auch politisch miteinander ins Geschäft. Damit zerbröckelte allmählich ein tragender Pfeiler der europäischen Nachkriegsordnung, die Feindschaft zwischen Bonn und Ostberlin.

Deutschland wechselte seine Funktion in Europa. Einerseits begann die einstige Barriere zwischen West und Ost, zur Brücke zu werden. Andererseits drohten die Deutschen, einander so nahe zu kommen, daß sie sich von ihren Allianzen entfernten. In Washington sprach man von „Selbstfinnlandisierung" der Bundesrepublik, das sowjetische Politbüro verbot Honecker zweimal, Staatsbesuch in der Bundesrepublik zu machen. Die Lage war gründlich verändert. Früher hatten sich die Deutschen so heftig bekämpft, daß sie die Ruhe in Europa störten, jetzt rückten sie scheinbar so eng zusammen, daß sie wiederum Anlaß zur Beunruhigung gaben.

Die letzte Periode begann mit Gorbatschow und endete mit der Auflösung des sowjetischen Imperiums in Mittel- und Südosteuropa. Eine Zeitlang, bis zum Herbst 1989, sah es so aus, als verändere sich zwar der Osten, doch die Machtaufteilung in Europa bliebe bestehen. Der machtpolitische Status quo erschien sogar als Voraussetzung für Reformen, die schließlich auch die DDR erreichen würden – so dachte auch Gorbatschow, der die Vereinigung Deutschlands für hundert Jahre vertagte.

Doch dann trat eine Größe auf den Plan, die in den politischen Berechnungen nicht vorkam: „das Volk" der DDR. Es demonstrierte das vergreiste SED-Politbüro aus dem Amt und setzte eine Kettenreaktion in Gang: Zuerst die Bulgaren, dann die Tschechen und schließlich, in blutiger Form, auch die Rumänen entledigten sich ihrer Diktatoren. Die verwirrten, kopflos gewordenen Nachfolger Honeckers öffneten die Mauer, und Deutschland floß zusammen. Es war ein Vorgang von so elementarer Kraft, so unaufhaltsam, daß ganz Europa und Nordamerika sich damit abfinden mußten. Je nach Klugheit taten sie es schnell oder zögerlich, machten sich zum Anwalt der Vereinigung, um ihre Stellung in Deutschland zu wahren, oder machten Schwierigkeiten, bis sie schließlich doch nachgeben mußten.

Europa hatte ein neues Problem: nicht mehr die Gefahr der deutschen Einheit, sondern die Einheit selbst. Wie kann der Kontinent mit 75 Millionen Deutschen fertig werden, die zunächst mit sich selbst nicht fertig werden, künftig aber vielleicht ein Gewicht bekommen, das nur schwer noch auszugleichen sein wird? Doch das sind nicht mehr Fragen für den Historiker, sondern den Politiker. Der Historiker hat zu prüfen, ob und wieweit ihm der europäische Ansatz hilft, die Nachkriegsgeschichte des ganzen Deutschland zu verstehen und zu beschreiben.

Der dritte Ansatz ist nicht gänzlich neu: Wir sollten von den Nöten und Notwendigkeiten ausgehen, denen Bundesrepublik und DDR gleichermaßen ausgesetzt waren; es waren größtenteils spezifische Probleme, die sich nur den Deutschen stellten. Bonn wie Ostberlin standen vor gleichen oder vergleichbaren Aufgaben, wenn auch die Art, sie zu lösen, sich meist wesentlich unterschied. Dennoch zeigen sich bemerkenswerte Parallelen, manchmal sogar Gemeinsamkeiten.

Bundesrepublik und DDR waren Nachfolgestaaten des Hitlerreiches und mußten diese Vergangenheit „bewältigen". Sie gingen dabei von unterschiedlichen Grundvorstellungen aus und verwandten andere Methoden, aber am Ende hatten beide doch das gleiche Ziel: Sie wollten die schlimmsten Nazis aussortieren und die große Masse in die eigene politische Ordnung einfügen. Wer schnell und entschlossen ein folgsamer Kommunist wurde, kam auch mit der SED zurecht; wer sich einigermaßen überzeugend als Demokrat bewies, konnte in der Bundesrepublik etwas werden. Im Westen allerdings hatten Ex-Nazis, auch größere, mehr Chancen als im Osten; andererseits verkam der Antifaschismus in der DDR großenteils, nicht ganz, zum Deckmantel einer neuen Diktatur, die manche fatale Ähnlichkeiten mit der alten hatte.

Bundesrepublik wie DDR mußten sich ferner auf eine Situation einstellen, die deutsche Politiker nicht gewöhnt waren. Sie hatten eine Großmacht über sich, der sie sich fügen mußten. Zwar war es ein gewaltiger Unterschied, ob man mit dem demokratischen Amerika oder mit der diktatorischen Sowjetunion zu tun hatte, Bonn verfügte über weit mehr Spielraum als Ostberlin – aber Grenzen waren beiden Staaten deutlich gesetzt. Beide durchliefen – in unterschiedlichem Tempo – die gleiche Entwicklung: von den Treuesten der Treuen im eigenen „Lager" über allmähliche Emanzipation bis zur Verfolgung eigener Interessen – im Notfall sogar gegen die Vormacht.

Beide mußten sich auch in eine neue Welt einpassen, die Bundesrepublik in die demokratisch-westliche, die DDR in die sowjetisch-östliche. Die Westdeutschen verwuchsen mit Westeuropa, manche sogar mit Nordamerika; die Ostdeutschen fanden weit weniger Zugang zu ihren Nachbarn. Die Westdeutschen wurden Europäer, die Ostdeutschen blieben Deutsche.

Bundesrepublik und DDR hatten gleichermaßen Not mit Berlin. Für die einen war es ein ewig bedrohter Außenposten, für die anderen ein „Pfahl im Fleische". Die einen nutzten es als „Schaufenster des Westens", die anderen als Druckmittel gegen Bonn.

Berlin entzweite beide und verband sie auch wieder – ohne die Insel inmitten der DDR wäre die deutsche Nachkriegsgeschichte anders verlaufen.

Eine Herausforderung für beide lag auch in Begriff und Ziel „Europa". Westdeutschen gab es die Chance, die Hitler-Vergangenheit zu verdrängen und in einer größeren Gemeinschaft aufzugehen; den Ostdeutschen bedeutete Europa wenig, denn vom Westteil waren sie ausgeschlossen, und Europa als Ganzes blieb Utopie. Die Westdeutschen fühlten sich lange als Mustereuropäer, aber hatten nur den Westteil im Sinn; die Ostdeutschen fühlten sich lediglich als Deutsche. Polen, Tschechen oder Ungarn drängten nach Europa, die Bürger der DDR sahen auf den anderen Teil des eigenen Landes.

Schließlich lastete auf beiden Staaten die ununterdrückbare Frage nach der Einheit. Die Einheit war Ziel und Tarnung für andere Ziele, sie war Herzenssache und bloßes Ritual, sie war Problem für die Innen- wie die Außenpolitik beider Staaten. Auf der Westseite wurde die Einheit beharrlich beschworen, aber zugleich verdrängt, auf der Ostseite wurde sie von den Regierenden seit Anfang der siebziger Jahre konsequent verdrängt, aber heimlich gefürchtet. Neben allen Unterschieden zeigt sich eine erstaunliche Ähnlichkeit: Nach dem Krieg waren die Deutschen noch ein Volk; sie wurden getrennt und entfernten sich mit der Zeit voneinander und entfremdeten sich, doch dann, als sie geschieden waren, konnten und durften sie sich einander nähern, bis im November 1989 der Ruf erklang, sie seien ein Volk. Seitdem sind Ost- wie Westdeutsche damit beschäftigt zu sehen, ob das die Wahrheit ist, eine Täuschung oder eine Hoffnung.

Der vierte Ansatz ist ganz alt, aber bedarf der Aufarbeitung: Wir sollten wieder die Gretchenfrage der Nation stellen: Wie hielten es beide Staaten und deren Bürger mit Einheit und Teilung – in Gedanken und in Handlungen?

Für das staatliche Verhältnis zwischen Bundesrepublik und DDR gilt zunächst Egon Bahrs bekannte Bemerkung nach Abschluß des Grundlagenvertrages 1972: „Früher hatten wir gar keine Beziehungen, jetzt haben wir wenigstens schlechte." Diese schlechten, sich nur sehr langsam bessernden Beziehungen finden neuerdings starke Aufmerksamkeit, vor allem unter dem Verdacht, sie seien zu gut geworden. Jedenfalls sind sie ziemlich klar erkennbar, ein ganzes Netzwerk aus Verhandlungen, Vereinbarungen und Verträgen entstand daraus. Schwierig zu erfassen sind dagegen die Beziehungen der beiden ersten Jahrzehnte, Beziehungen, die es nicht gab, weil es sie nicht geben durfte, die aber doch existierten – meist getarnt als wirtschaftliche oder technische „Kontakte".

Ebenso wichtig erscheint das Verhältnis der nichtstaatlichen Organisationen. Zwischen den Schwesterparteien West- und Ost-CDU, FDP und LDPD sowie SPD und SED spielte sich mehr ab, als die erklärte Gegnerschaft vermuten ließ. Das gilt sogar für die fünfziger Jahre, eine sehr widerspruchsvolle Zeit, weil einerseits kalter Krieg herrschte und andererseits noch viele alte Verbindungen bestanden und manchmal auch genutzt wurden. Die Feindschaft war größer damals, trotzdem war man sich näher als in den folgenden Jahrzehnten der Entspannung, als Verbindungen oft neu geknüpft werden mußten.

Ende der fünfziger Jahre, als es noch keine Mauer gab, war es möglich, daß führende Freidemokraten ins Ostberliner Parteihaus der Liberaldemokraten gingen und dort in eine Sitzung hineinplatzten; die ungeplante Begegnung erklärte sich gesamtdeutsch: Der Pförtner konnte nicht wissen, daß auch westdeutsche Parteileute sächsisch sprachen. Zielbewußte Planung steckte hingegen in Ulbrichts immer wiederholten Versuchen, Einfluß auf die Sozialdemokraten und Gewerkschaften der Bundesrepublik zu bekommen. Ein interessantes, noch ungenügend aufgeklärtes Kapitel: Die „Aktionseinheit der Arbeiterklasse" war vermutlich das einzige politische Instrument, von dem sich der alte Kommunist erhoffte, den Klassenkampf in ganz Deutschland zu gewinnen – aber das bedarf genauer Untersuchung.

Dringend erforderlich erscheint eine Geschichte der Kirchenbeziehungen, sie bildeten eine der stärksten Klammern im geteilten Land und boten auch Nebenwege für inoffiziellen Verkehr zwischen den Staaten. Ebenso das Verhältnis der Universitäten, Akademien und wissenschaftlichen Gesellschaften, all das war sowohl Hilfsmittel als auch Hindernis für das Entscheidende, die Verbindungen zwischen den Wissenschaftlern selbst. Ferner die Leidensgeschichte des gesamtdeutschen Sports, vom kleinen Verein bis zu den Olympia-Mannschaften.

Schließlich die „materielle Basis" des Verhältnisses der Staaten, eine Geschichte des Interzonenhandels und dann des innerdeutschen Wirtschaftsaustauschs. Für die DDR lag hier das einzige ständige, sogar zunehmende Interesse, dem sie zuweilen auch politische Grundsätze opferte; für die Bundesrepublik war es das einzige Werkzeug, mit dem sie politisch und humanitär etwas erreichen konnte. Es wäre schon interessant, was die Historiker über die Wirkungskraft dieses Hebels herausfinden, der Streit darüber ging Jahrzehnte lang. Und mit noch mehr Spannung erwarten wir zu erfahren, wie schlecht es um die DDR-Wirtschaft in den achtziger Jahren wirklich stand – die Mittags und Schalcks können nicht unsere einzige Auskunftsquelle bleiben.

Aber Beziehung ist mehr als unmittelbarer Kontakt. Eine Beziehung entsteht schon durch die bloße Existenz eines anderen, den man nicht ignorieren kann. Die Sozialpolitik der Bundesrepublik wäre maßvoller ausgefallen, wenn es die DDR nicht gegeben hätte und das dringende Erfordernis, den Kommunisten keine Chance zu lassen. Und Honeckers Bemühung um Wohnungen und Lebensstandard für die Ostdeutschen war nicht zuletzt von der Notwendigkeit diktiert, das westdeutsche Wohlstandsbeispiel zu entkräften. Wenn man die Summe zieht, dann haben Bundesrepublik und DDR einander jedoch mehr abgeschreckt als angeregt. Lange hatten sie eine Heidenangst voreinander, jeder dämonisierte sein Gegenüber, hier malte man die „Weltrevolution" an die Wand und dort den „Imperialismus". Aber beide nutzten auch den Schrecken, und es ist zu fragen: Wieweit und wie lange brauchten sie ihre Feindbilder – zur Selbstdefinition, Selbstbestätigung und Machtsicherung? Was wäre aus der Bundesrepublik ohne eine DDR geworden und was aus der DDR ohne eine Bundesrepublik?

Wie stand es mit dem gesamtdeutschen Bewußtsein? In der DDR, das ist bekannt, war es allezeit stärker als in der Bundesrepublik, denn die Westdeutschen hatten Auslauf in die Welt und die Ostdeutschen blieben eingegrenzt ins „sozialistische Lager". Für die Westdeutschen war Vereinigung nur eine nationale Frage, für die Ostdeutschen aber bedeutete sie die Erlösung von allen Übeln des Kommunismus.

Doch damit ist noch nichts gesagt über die Vorstellungen, die beide voneinander hatten. Gab es schon den „Wessi" und den „Ossi"? Umfragen helfen etwas, sofern dieselben Fragen über einen langen Zeitraum gestellt wurden und sich Meinungsentwicklungen erkennen lassen. Die innerdeutschen Beziehungen bieten auch ein weites Betätigungsfeld für Geschichtsforschung „von unten". Die Hörerbriefe, die Ostdeutsche an westdeutsche Sender richteten, besonders an den RIAS, müssen eine Fülle von Material enthalten. Auch private Briefwechsel können helfen; wenn sie in kritischen Zeiten geführt wurden oder über lange Zeiträume gingen, bieten sie authentische Auskunft, bessere oft als die nachträgliche Befragung, bei der die Gegenwart unvermeidlich das Gedächtnis beeinflußt.

Die Rekonstruktion der Gedanken und Gefühle kann helfen, die Gegenwart besser zu verstehen. Beinahe nichts von alledem, was uns – hier wie dort – während der letzten drei Jahre verwirrte und voneinander enttäuschte, ist neu. Die Westdeutschen waren schon immer überzeugt, daß sie Deutschland seien und die anderen nur „die DDR"; und die Ostdeutschen waren schon immer empört, wenn die deutsche Mannschaft nur die der Bundesrepublik sein sollte. Die Westdeutschen lebten schon immer in der sicheren Gewißheit, daß bei ihnen fast alles richtig und in der DDR fast alles falsch sei; und bei den Ostdeutschen haben schon immer sogar scharfe Regime-Gegner manche Einrichtungen der DDR verteidigt. Die Westdeutschen haben sich eine Vereinigung immer nur als Anschluß der DDR an ihren Staat vorgestellt; und viele Ostdeutsche haben schon immer verlangt, daß sie gefragt würden, wie das gemeinsame Haus aussehen solle.

Die Westdeutschen haben immer, wenn es wesentlich wurde, ganz nach ihren Bedürfnissen entschieden; und die Ostdeutschen haben sich schon immer „abgeschrieben" gefühlt – das Wort ist so alt wie die Teilung, es findet sich bereits in einer Tagebuchnotiz von Wolfgang Schollwer aus dem Jahre 1947. Die

Westdeutschen hatten immer einen weiteren Horizont, und die Ostdeutschen bezogen fast immer alles nur auf sich. Die Westdeutschen waren immer die Reichen und Starken und ließen es, wenn auch ungewollt, spüren; und die Ostdeutschen haben sich schon immer als die armen Verwandten empfunden, begierig auf Westwaren oder abweisend in gekränktem Stolz. Eine Geschichte der Geschenke und versuchten Gegengeschenke könnte mehr Aufschluß geben als manche sozialhistorische Analyse. Schließlich das Wichtigste: Die Westdeutschen konnten schon immer ohne die Ostdeutschen leben, die Ostdeutschen aber nur schwer ohne die Westdeutschen.

Aber all das würde falsch, wenn man die Minderheit vergäße, die anders dachte und sich anders verhielt. Es war sogar eine starke Minderheit, die unermüdlich auch in schlechten Zeiten in die DDR reiste; und vielleicht war es sogar eine Mehrheit, die dort allezeit die Türen weit geöffnet hielt. Die Reisestatistik beweist, daß die Möglichkeiten genutzt wurden, die zwischen Bonn und Ostberlin mühevoll ausgehandelt worden waren. Es gäbe heute nur noch wenig zu vereinigen, wenn sich nicht über die Jahrzehnte hinweg viele Deutsche beider Seiten einig geblieben wären.

Die innerdeutschen Beziehungen, vom Privatbrief bis zum Staatsbesuch, bilden den Kern für eine Nachkriegsgeschichte Deutschlands, allerdings nur den Kern. Denn wir brauchen noch einen fünften Ansatz, den ursprünglichen: Wir sollten diese Geschichte als die Geschichte der Teilung betrachten. Dem scheint zu widersprechen, daß beide Staaten mit fortschreitender Zeit ein Eigenleben führten und die Frage der Einheit ihre Bedeutung verlor. Aber Geschichtsschreibung gewinnt ihren Sinn erst dadurch, daß sie ihre Fragen nicht nur aus dem Stoff nimmt, sondern eigene Fragen an den Stoff heranträgt. Wer sich Deutschlands Nachkriegsschicksal zum Thema nimmt, muß die Teilung zur Hauptsache machen. Auch der Autor einer Geschichte Europas nach 1945 wäre gezwungen, die Teilung des Kontinents in den Mittelpunkt zu stellen: Was einst das Zentrum der Weltpolitik bildete, zerfiel in die Machtsphären zweier halbeuropäischer Großmächte.

Die Erscheinungen ordnen und präsentieren sich anders, je nachdem, ob man eine Geschichte Deutschlands schreibt oder ob man die deutschen Staaten gesondert vorstellt. Daß für Bonn und seine Bürger Westeuropa und sogar Amerika wichtiger wurden als Ostdeutschland, ist für den Historiker der Bundesrepublik der Beweis, daß Westdeutschland eine große Veränderung zum Guten erfuhr, indem es Mitglied der westlichen Welt wurde. Er wird hinzufügen, daß damit auch den Ostdeutschen 1990 die mühelose Eingliederung in diese Welt ermöglicht wurde, während Polen, Tschechen, Slowaken und Ungarn noch für unbestimmte Zeit warten müssen, bis sie in die Europäische Gemeinschaft und ob sie in die NATO aufgenommen werden. Der Historiker Deutschlands wird alledem zustimmen, aber zugleich beschreiben, wie die Verwestlichung der Bundesrepublik die Teilung vertiefte: So weit haben sich die Westdeutschen von ihren Landsleuten entfernt, daß ihnen andere Länder wichtiger wurden als das eigene und sie nach der Vereinigung größtenteils unfähig waren, sich mit den Ostdeutschen zu verständigen.

Deutsche Nachkriegsgeschichte als Geschichte der Teilung. Wie weit man mit diesem Ansatz kommt, wird zunächst von der Antwort auf eine Vorfrage abhängen: War die Teilung nur eine Episode im Leben der Deutschen? War die Vereinigung eine Wiedervereinigung, die unvermeidlich, gewissermaßen geschichtsnotwendig kommen mußte? Viele meinen das, die meisten allerdings erst, nachdem die Vereinigung stattgefunden hat. Vorher hatte sich, in erheblichem Maße, die Erinnerung durchgesetzt, daß die Deutschen selten in einem Staat gelebt haben; die Vielstaatlichkeit, bis zu 1700 hat man gezählt, war die Regel und das Bismarck-Reich die Ausnahme.

Hätte es also auch anders ausgehen können? Hätte Brandts Formel von zwei Staaten in einer Nation nur eine Übergangsperiode bilden können, der dann die Teilung in zwei Nationen gefolgt wäre? Die SED meinte, das sei schon geschehen, doch ihre Theorie von der kapitalistischen und der sozialistischen Nation diente nur der Selbstberuhigung und bewies eher das Gegenteil. Aber auch in der Bundesrepublik täuschte man sich, wenn man eine staatliche Vereinigung erst nach Generationen irgendwann im nächsten Jahrhundert für möglich hielt, aber fest an die Fortexistenz der Nation glaubte.

Doch man muß die Frage auch europäisch stellen: Hatte die Spaltung des Kontinents Aussicht auf Bestand? Die Vereinigten Staaten waren Hegemonialmacht im Westteil, aber sie beherrschten ihn nicht und wollten es auch nicht. Die Sowjetunion beherrschte Ostmitteleuropa und den halben Balkan, konnte sie aber nicht für sich gewinnen. Stalin hatte sich übernommen, als er die Kriegsbeute behielt, die Hitler ihm zugespielt hatte. Und Stalins Nachfolger mußten sich sehr anstrengen, um das Imperium zu behaupten; am Ende ging es über ihre Kräfte. Gorbatschow hat aufgegeben, was nicht mehr, jedenfalls nicht mehr lange, zu halten war.

Wenn diese Darstellung richtig ist, haben wir es mit zwei Irrtümern zu tun. Die Teilung dauerte viel kürzer, als die meisten vermuteten, weil sie (den Autor eingeschlossen) die Macht Moskaus und dessen Willen zur Macht überschätzten. Die Teilung ging aber viel tiefer als angenommen und wahrgenommen, Deutschland hätte sie hundert Jahre lang schwerlich überlebt; wir wissen nicht einmal sicher, ob es die vergangenen vierzig Jahre überstanden hat, ohne unheilbaren Schaden zu nehmen.

Deshalb zum Schluß eine Erinnerung an Veit Valentin, der – nach langem Nachdenken – nicht eine Geschichte Deutschlands schrieb, sondern eine Geschichte der Deutschen. Vielleicht steckt darin ein sechster Ansatz. Denn ob, wie und wann wir „zusammenwachsen“, ist zwar ungewiß, aber wir waren, sind und bleiben allesamt Deutsche.

Rainer Eppelmann

Die Schwierigkeiten des Zusammenwachsens

Die anfänglichen Illusionen über den Weg und die Folgen der deutschen Einigung sind zerstoben.

Wie war denn das *vor* dem 3. Oktober 1990? Ich denke z. B. an den 1. Juli 1990. Das war der Tag, an dem wir das „Spielgeld" losgeworden sind und richtiges Geld bekommen haben. Erinnern Sie sich noch an die Bilder im Fernsehen? Schon um 0 Uhr standen die Ostberliner am Alexanderplatz vor der Bank, weil sie als erste das neue Geld in den Händen haben wollten, und zwar mit rechtlich gesichertem Anspruch. Früher hatte man allenfalls die Hoffnung: „Wenn ich mal meine Verwandten besuche, dann drücken die mir sicher ein paar Mark in die Hände." Wir dachten und handelten nicht so, weil wir so gierig auf Westgeld waren, sondern weil wir ja Erfahrungen gemacht hatten mit unserem Geld und wußten, wie „geachtet" es war. Es war so geachtet, daß man nicht einmal mehr im eigenen Land etwas Vernünftiges dafür bekommen konnte. Wenn man da Dinge haben wollte, die es nicht in genügender Anzahl bei uns gab, brauchte man entweder dieses komisch-perverse Intershop-Geld oder eben Westgeld.

Unvergeßlich ist mir das Gesicht einer alte Dame, die empört zu mir kam, um von ihren Erfahrungen im schönen Budapest zu erzählen, als dort die Kommunisten noch regierten und versuchten, Marktwirtschaft mit Sozialismus zu verbinden, zwei Dinge, die sich offensichtlich nicht miteinander verbinden lassen.

Also, die alte Dame saß dort Mitte der achtziger Jahre in einer jener privaten Gaststätten, zusammen mit ihrer Freundin. Die Gaststätte war gut gefüllt. Sie bestellten, fingen an zu essen. Da kam auf einmal der Gastwirt an und gab ihnen zu verstehen, sie müßten sich ein bißchen beeilen mit dem Essen und sollten dabei nicht so lange reden, denn da draußen stünden ja auch noch andere. Und dann kam er kurze Zeit später wieder und sagte: „So, jetzt müssen Sie bezahlen, jetzt müssen Sie gehen." Die haben sich nicht getraut aufzumucken, wie der Berliner sagt, haben bezahlt und sind gegangen, obwohl sie noch nicht fertig waren. Und dann haben sie gesehen, für wen sie ihre Plätze räumen mußten. Da gab es zwei Unterschiede: Die neuen Gäste waren jünger, sehr viel jünger, erst Anfang zwanzig. Das aber war nicht der eigentliche Grund. Der entscheidende Grund war, daß sie aus dem Westen kamen und Westgeld hatten. Und dem Gastwirt war natürlich die DM sehr viel lieber als die Mark der Deutschen Demokratischen Republik. Was meinen Sie wohl, wie die beiden Damen sich da gefühlt haben? So etwas muß man wissen, wenn man die Bilder vom 1. Juli 1990 sieht, wenn man verstehen will, was der 1. Juli 1990 für viele Menschen in der DDR bedeutete.

Stellen Sie sich vor, Sie wollen ein Auto bekommen oder einen Farbfernseher oder einen Videorecorder und brauchen dafür im eigenen Land eine fremde Währung: Westgeld, DM. Das aber verdienen Sie nicht, sondern Ostgeld.

Und nun müssen Sie mitkungeln, wenn Sie keine Tante oder keinen großzügigen Bruder im Westen haben, oder Sie müssen mit Schwarztauschen versuchen, an D-Mark heranzukommen. Oder Sie gehören zu den armen Würstchen – davon hat es ja eine Menge gegeben –, die kein Westgeld hatten und auch keine gute Tante. Die waren, obwohl sie fleißig gearbeitet haben, Menschen zweiter oder dritter Klasse. Ja, so war das zu Zeiten der DDR.

Vielleicht sollte ich auch an die Volkskammerzeit erinnern, ich meine jetzt die gute Volkskammerzeit, jene sechs Monate, als Lothar de Maizière Ministerpräsident der Deutschen Demokratischen Republik war und Günther Krause und Rainer Eppelmann z. B. im Kabinett saßen. Da habe ich immer wieder ungeheuer stürmisch drängend die Deutsch-Soziale Union, die DSU, erlebt. Damals schon mit einem flauen, etwas komischen Gefühl im Magen, das ich bis heute nicht losgeworden bin. Inzwischen ist es bei mir Gewißheit: Wenn man manches ein bißchen langsamer hätte machen können, wäre es vielleicht nicht zu unser aller

Schaden gewesen. Es haben sich dann aber letztlich, unterstützt durch das, was die Öffentlichkeit nun in ihrer großen Menge wollte, die durchgesetzt, die gesagt haben, so schnell wie nur irgend möglich. Und der zweite Teil des Satzes, den Lothar de Maizière immer dazu gesagt hat: „und so gut wie möglich", der hat dann anscheinend nicht die große Rolle gespielt. Das Tempo war das Entscheidende. Aber auch das nicht aus Dummheit, das möchte ich auch den Kollegen und Kolleginnen der DSU nicht unterstellen, sondern aus einem Gefühl heraus, ich sage das jetzt einmal ganz berlinerisch: Die hatten absolut die Schnauze voll von dem, was da so DDR war und ausmachte.

Wir alle waren voller Hoffnung, voller Wünsche, voller Erwartungen, voller Unkenntnis und voller Illusion. Und mit „wir" meine ich nicht nur die ehemaligen Bürger der Deutschen Demokratischen Republik, sondern auch die Bürger der alten Bundesrepublik.

Können Sie sich noch erinnern? Das große Modewort von 1990 war das neudeutsche Wort „Joint venture". Und alle, die Ahnung hatten von Finanzen und von Wirtschaft und von Politik, die sich darüber öffentlich Gedanken machten, in der neuen DDR und in der alten Bundesrepublik, jetzt karikiere ich einmal ein bißchen, waren der Meinung, das ist doch überhaupt kein Problem, wir mit den 60 Millionen und erfolgreichen Regierungsjahren in der Bundesrepublik, nie so stark, nie so erfolgreich wie heute, das bißchen mit den 16 Millionen da im Osten, das kriegen wir doch lächelnd in den Griff, wir wissen doch, wie das mit der Marktwirtschaft funktioniert. Wir bringen einfach den Markt rüber, und dann läuft das. „Joint venture" z. B., jetzt komme ich wieder drauf: Trabant geht mit BMW zusammen und Mercedes mit Wartburg, und die bringen vom Westen den Computer mit, weil die im Osten noch gar nicht wissen, was das ist, und als kleine Beigabe noch eine moderne Schreibmaschine, und dann wird das schon klappen. Und heute? Wer redet noch von „Joint venture"?

Und dann erinnere ich mich an dieses Kabinett, in dem ich gesessen habe, nicht bloß gesessen, ich habe versucht zu denken und zu arbeiten für Abrüstung und Verteidigung. Da gab es immer einen riesengroßen Stapel. Ich glaube, außer Lothar de Maizière hat keiner von uns das immer alles gelesen. Das waren die neuen Gesetze, die von Woche zu Woche beschlossen und im Kabinett zumindest verabschiedet werden mußten.

Der zweite Stapel war nicht viel kleiner. Das waren die Hiobsbotschaften. Das war in der Zeit von März bis Oktober, bis zur Einheit. Aber es war noch nicht die Zeit der genauen Analysen. Da hat man z. B. so etwas gehört wie: „Hast du schon gewußt? In Neustadt an der Orla ist der größte Schweinestall der Welt." Im günstigsten Fall konnte man sich dunkel erinnern, das hast du ja irgendwann einmal im „Neuen Deutschland" gelesen, darauf waren wir ja ungeheuer stolz, daß wir den größten Schweinestall der Welt hatten. Diesen großen Schweinestall gibt es zum Glück inzwischen nicht mehr. Aber das, was nicht in der Zeitung gestanden hatte, das war in diesen sechs Monaten auf dem Zettel mit den Hiobsbotschaften drauf. Da stand nämlich: Im Umkreis von fünf bis sieben Kilometern um diesen Schweinestall herum wächst kein Baum mehr; die Bäume waren nämlich alle vergiftet, verreckt, vom Gestank und der Gülle, die da in solchen Unmengen angefallen ist, daß man sie nicht wegtransportieren konnte. Es stank auch erbärmlich. Bäume verreckten; aber Menschen haben da gearbeitet, Kinder gespielt.

Eine andere Hiobsbotschaft, die in dieser Zeit kam: Irgendwann im letzten Drittel des vorigen Jahrhunderts haben unsere Großväter in Dresden eine Kläranlage mit Überlaufbecken gebaut. Diese Klärbecken arbeiteten damals nach dem neuesten Stand von Wissenschaft und Technik. Dann hat der Zahn der Zeit an den Dingern genagt, und irgendwann hat dann das erste Becken nicht mehr funktioniert, und irgendwann das zweite Becken nicht mehr.

Das heißt also: Schon 1950 war das, was da in die Elbe floß, deutlich dreckiger, als es 1895 war. 1960 war es nochmals schmutziger, und ab 1976 ist alles ungeklärt in die Elbe gegangen, was Menschen zu Hause, in den Gaststätten, in den Betrieben produziert haben. Ein drittes Beispiel: Ich habe vorher nicht gewußt und habe erst zu Zeiten von de Maizière gehört, daß über 30 Prozent der Weichen im Schienennetz der Deutschen Reichsbahn aus dem vorigen Jahrhundert sind. Über die verkehrstechnischen Folgen und Probleme will ich mich hier nicht auslassen, um statt dessen zu den eigentlichen Schwierigkeiten zu kommen. Wie war das vor dem 3. Oktober 1990?

Inzwischen ist ja ein Stück Zeit vergangen. Ich glaube, das Jahr 1992 ist das Jahr gewesen, in dem wir die Größe der Aufgabe, die wir zu leisten haben, die in großen Teilen noch vor uns liegt, begriffen haben. Es gibt erste gemeinsame Erfahrungen aus dem Jahr 1991, die wir miteinander gemacht haben. Jetzt wissen wir, es greift eben nicht gleich alles. Die Erfahrungen, die Sie in der alten Bundesrepublik zwischen 1950 und 1990 gemacht haben, sind nicht einfach zu übertragen auf die Situation in den neuen Bundesländern. Lassen Sie mich das nur an einem Beispiel deutlich machen.

In der alten Bundesrepublik hatten sich die Arbeitsbeschaffungsmaßnahmen bestens bewährt. Wo etwas am Zusammenbrechen war, wo es Strukturveränderungen gab, hat man mit Arbeitsbeschaffungsmaßnahmen Leuten über die Arbeitslosigkeit hinweggeholfen, bis neue Strukturen aufgebaut waren. Da meinte man, genauso machen wir es jetzt im Osten auch. Und dann wurde eine riesige Summe von der Bundesanstalt für Arbeit in Nürnberg zur Verfügung gestellt, um die Kosten für die Arbeitsbeschaffungsmaßnahmen aufbringen zu können. Am Ende wunderte man sich, daß die Dankesbriefe aus den neuen Bundesländern nicht kamen.

Drei oder vier Monate dauerte es, bis den Verantwortlichen deutlich wurde, daß diese ungeheuer guten Erfahrungen, die in der alten Bundesrepublik gemacht worden waren, sich nicht einfach übertragen ließen, weil die Situation bei uns eine andere ist als in den alten Bundesländern. Die Träger der AB-Maßnahmen in den neuen Bundesländern haben gesagt: Ist ja hervorragend, daß wir die Gehaltskosten für die Leute kriegen. Jetzt laß ich mir von denen mal ein Stück Zaun bauen, ein Stück Mauer um den Kirchhof herum, weil das so fürchterlich aussieht. Und dann wurden die Gesichter nachdenklich. Um Gottes Willen, wo bekomme ich jetzt das Geld für die Steine her? Wer bezahlt denn den Mörtel und den Zement? D.h., es hat also einen

Augenblick gedauert, bis man mitbekommen hat: die Kommunen haben kein Geld und die Kirchen kein Geld. Die sind gar nicht in der Lage, Sachkosten zu übernehmen. Wenn ABM hier etwas Sinnvolles sein soll, dann können wir nicht bloß die Lohnkosten übernehmen, dann müssen wir auch einen erheblichen Teil der Sachkosten übernehmen. Das ist inzwischen sogar noch weitergegangen. Es gibt seit 1991/Anfang 1992 ein Modellprojekt über 70 Millionen Mark bei der Bundesanstalt für Arbeit für sogenannte ABM-Servicestationen. In jedem der neuen Bundesländer wird eine solche Station eingerichtet, die vielleicht für ehemalige DDR-Bürger vergleichbar ist mit Maschinenausleihsstationen aus der Frühzeit der DDR-Landwirtschaft. Das ist nur ein Beispiel dafür, daß eine Sache, die sich in den alten Bundesländern bestens bewährt hat, nach all dem, was ich weiß, nicht einfach übernommen werden kann. Man muß vorher erst sehen, ob die Situation, ob die Voraussetzungen in den neuen Bundesländern heute jenen in den alten Bundesländern entsprechen. Oft ist es eben nicht so.

Wir wissen heute auch sehr viel deutlicher, als wir das 1990 oder 1991 gewußt haben, über die mittel- und langfristigen Folgen von dem Bescheid, was die DDR ausgemacht hat. So klar ist das 1990 nicht gesagt worden, daß ein Großteil der Probleme, die wir heute haben, eben mit Fehlentscheidungen, mit Substanzverlust in 45 Jahren SBZ/DDR zu tun hat. Es hat Zeit gebraucht, bis wir festgestellt haben: Der Computer und die Schreibmaschine alleine machen es eben nicht. Der ganze Betrieb ist im Eimer. Jedes Haus, jede Lagerhalle muß neu aufgebaut werden. Und das Entscheidende ist noch gar nicht gesagt worden: Das hat ja auch Wirkung auf Menschen gehabt, die Verhältnisse, in denen sie da 45 Jahre gelebt haben. Und nicht nur, daß sie vielleicht gesagt haben, denen da drüben geht es ja so gut und uns geht es so schlecht. 45 Jahre, das hat etwas mit Lebenshaltung und mit Lebensstil zu tun. Und der ist eben bei den 16 Millionen in den neuen Bundesländern logischerweise, weil ihre Lebensverhältnisse und ihre Lebensbedingungen andere gewesen sind, anders als bei den Altbundesrepublikanern. Und die Voraussetzungen waren anders. Wußten Sie, daß es z. B. in der ganzen DDR nur so viele Rechtsanwälte gegeben hat, wie allein in Bremen? Heute werden Anwälte gebraucht wie nie zuvor für die Bearbeitung unendlich vieler Anträge. Es gibt ja nicht bloß die 1,6 Millionen Anträge bei der Gauck-Behörde; es gibt eine ungeheure Fülle von Anträgen, die nur durch Juristen geklärt werden können.

Da sind etwa die Anträge, die Eigentumsfragen betreffen. Da muß dann ein Jurist dran. Als die DDR unterging, hat ein Drittel der Anwälte sofort aufgehört, weil sie wußten, sie haben überhaupt keine Chance. Nach den Überprüfungen ist noch einmal ein Drittel ausgeschieden. D. h., da ist jetzt bloß noch ein Drittel, Bremen hat dreimal so viel Anwälte. Daß die Juristen nicht in vier Wochen nachwachsen, brauche ich Ihnen nicht zu sagen. Ein Drittel von Bremen für alle neuen Bundesländer! Und dieses eine Drittel, das hat Jura unter anderen Bedingungen studiert. Bei denen ist das Bürgerliche Gesetzbuch der Bundesrepublik Deutschland ja bloß im Exkurs vorgekommen. Das war nicht der Mittelpunkt ihres Studiums. Die haben sozialistische Gesetzlichkeit „made in DDR“ studiert. Leider ist die Zahl von gut ausgebildeten Juristen aus den alten Bundesländern, die zu uns gekommen sind, verhältnismäßig klein geblieben.

Ein ganz anderes Beispiel: Sie wissen, wie unsere Straßen in der DDR ausgesehen haben, bis hin zur Autobahn. Mittlerweile sind – ich weiß nicht wie viele Kilometer – Leitplanken montiert worden, weil es eben das schnellste war. Damit sind wir inzwischen fertig, etwas richtig Gutes. Eine Menge Schlaglöcher sind inzwischen verschwunden. Wer über Hannover und Braunschweig nach Berlin fährt und dann um Berlin herum, der merkt auch, daß da etwas getan worden ist. Und wer von Berlin nach Dresden fährt oder von Berlin nach Leipzig, Halle, Eisenach weiterfährt und dann Richtung Nürnberg, der merkt ja, man kommt von einer Baustelle in die andere. Das ist manchmal ärgerlich, aber doch ein ungeheuer hoffnungsvolles Zeichen. Wer baut, hofft auf Zukunft, er gestaltet sie! Was gebaut wird, muß natürlich auch bezahlt werden.

Ein anderes Beispiel: Noch müssen 17 Millionen Kilometer Telefonleitungen verlegt werden. 17 Millionen Kilometer, damit das Telefonnetz in den neuen Bundesländern von der Dichte her dem Netz entspricht, das in den alten Bundesländern seit vielen Jahren normal ist.

Und wenn ich richtig informiert bin, sind in der Zeit bis in den Spätherbst vorigen Jahres hinein zwei Millionen neue Telefonanschlüsse vergeben worden, mehr als in den letzten zwanzig Jahren der Deutschen Demokratischen Republik! Aber auch das hat zwei Jahre gedauert. Ich habe vor ein paar Tagen gelesen, TELEKOM habe zugesagt, bis 1995 soll jeder, der Telefon haben will, auch Telefon haben. Nun stellen Sie sich einmal einen kleinen Mittelständler vor, der etwas Neues anfangen will, der hofft, daß sich Leute an ihn wenden und fragen: „Haben Sie ...?" oder „Können Sie ...?" Und dann hat der kein Telefon. Dann bekommt der gesagt: 1995, so lange mußt du noch warten, weil in der Ecke, wo du wohnst, überhaupt nichts ist. Manchmal gab es im ganzen Dorf kein Telefon.

Eines muß vielleicht auch noch an dieser Stelle, wenn ich versuche, Schwierigkeiten zu benennen, gesagt werden, nämlich wie es bei uns mit der Landwirtschaft gewesen ist. Wir DDR-Bürger haben ja lange Zeit geglaubt, und die westlichen Medien haben es uns auch immer erzählt, das einzige, was so leidlich in der DDR funktioniert habe, sei die Landwirtschaft. Der dafür Verantwortliche, Günter Mittag, lief immer ganz stolz herum, nach dem Motto: Ich bin einer von den erfolgreichen Politikern in der DDR. In der Zeit der Hiobsbotschaften haben wir uns dann sagen lassen müssen, daß die DDR-Landwirtschaft mit Ausnahme von Futtermitteln sehr viel mehr produziert hat, als sie verbraucht hat.

Wenn ich mal das, was wir produziert haben, zu 100 setze, haben wir nur 70 Prozent davon entweder verkaufen können oder essen oder verfüttern können. 30 Prozent blieben übrig. Da werden Sie sagen: „Um Gottes Willen, wie kann man denn bloß so blöd sein?" Wir meinten, wir seien ungeheuer klug. Und das hing mit unserer Devisenknappheit zusammen. Deswegen hat nämlich Erich Honecker zu Günter Mittag gesagt: „Du, Günter, der 7. Oktober kommt, oder der 1. Mai kommt, oder der 24. 12. kommt, jetzt möchte ich mal ein bißchen glückliches Flair auf die

Gesichter der DDR-Bürger zaubern. Du mußt mal ein paar Videorecorder zusätzlich kaufen, ein paar Bananen, ein paar Apfelsinen, ein paar ‚Golf'." Und dafür hat Herr Mittag natürlich Geld gebraucht. Das hat Herr Schalck-Golodkowski nicht alles alleine beschaffen können. Da hat Günter Mittag gesagt: „Na, dann produzieren wir eben mehr, als wir brauchen, so kommen dann die 100 zu den 70 zustande." Da werden Sie sagen: „Meine Güte, wir haben aber doch schon einen Eierberg, einen Butterberg und einen Weizenberg und und und. Wie können die denn!?" Die haben gekonnt!

Begriffen habe ich das erst, als bei uns in den Zeitungen stand: Diese bösen Fleischaufkäufer aus der (alten) Bundesrepublik und den Niederlanden, die machen sich unsere Not zunutze. Das war im Frühsommer 1990. Die wußten, wir mußten jetzt verkaufen, weil die Landwirtschaft verkleinert werden sollte, und wer ißt schon ein Schwein, das 50 Jahre alt ist? Also muß es ganz schnell verkauft werden. Und die haben uns doch tatsächlich bloß 200 oder 250 Mark dafür geboten. Empörung! Da sieht man es mal wieder, die Kapitalisten, die machen sich unsere Not zunutze! Und dann habe ich einmal nachgefragt und gehört: Das sind ja noch fantastische Preise. Günter Mittag hat, wenn sein großer Herr und Meister zu ihm kam und sagte, jetzt mußt du Geld besorgen – Günter Mittag hat dann eben die Sau verkauft.

Auf den anderen Gedanken ist er ja leider nicht gekommen. Und er hat sie erstaunlicherweise auf dem EG-Markt verkauft. Da werden Sie nun wieder sagen: Da war doch nun aber alles voll. Aber ich bitte Sie, Sie sind doch Geschäftsleute oder mindestens geschäftserfahren, was würden Sie denn machen? Würden Sie das Schwein für 300 DM von einem Bauern aus der Rhön kaufen oder lieber für 50 DM von Günter Mittag? Auch wenn es ein bißchen fetter ist. Der ist die Schweine losgeworden, die er loswerden wollte. Allerdings für 50 DM. Man muß heute sagen, er ist so dumm gewesen, daß er gedacht hat: Das kann ich mir doch leisten, das bedeutet 50 DM Reingewinn. Denn die LPG-Bauern bekommen doch nur Ostgeld. Die Maurer, die die Ställe bauen, kriegen nur Ostgeld. Die Elektrizität, die wir produzieren, die Leute, die das machen, kriegen nur Ostgeld. Die bekommen alle Ostgeld. Die 50 DM sind 50 DM Reingewinn.

Und dann platzte am 1. Juli 1990 die Bombe, in dem Augenblick, als alle durch die Sparkassen und die Banken Westgeld in die Hand bekamen. Die Arbeitnehmer, in der DDR damals noch, die haben sich ab sofort von der LPG nicht mehr Ostgeld in die Hand drücken lassen, sondern die wollten ab sofort ihren Lohn in DM haben. Und das war der Zusammenbruch für die Landwirtschaft der Deutschen Demokratischen Republik. In manchen Bereichen ist das ja der Haupterwerbsgeber für viele Menschen gewesen. Das war schon ungeheuer bedrückend. Auf diese Schwierigkeiten wollte ich nur einmal hinweisen. Es hat bei uns eine ganze Reihe von Bereichen gegeben, die, was Landwirtschaft oder Industrie angeht, ausgesprochen auf Monokultur angelegt waren.

Stellen Sie sich z. B. so ein Gebiet vor, wo die Leute zu fast 100 % von der Landwirtschaft gelebt haben, und jetzt sind da noch ein Drittel Beschäftigte, d. h., zwei Drittel können da kein Geld mehr verdienen. Man kann sie ja nicht alle in den Vorruhestand schicken.

Oder wie ist es in einem Gebiet wie der Lausitz z. B., die in bestimmten Bereichen voll von der Braunkohle gelebt hat. Auch da – es ist noch nicht ganz erreicht – muß auf ein Drittel heruntergefahren werden. Also Landwirtschaft perdu und Braunkohle perdu. Und, das habe ich inzwischen auch gelernt, um ein Werk aufzubauen, vergehen im Normalfall drei bis vier Jahre. Und ich habe inzwischen auch festgestellt, daß das Geld knapp geworden ist. Es gibt ja nicht bloß riesige Transfersummen, die von Ost nach West gehen; umgekehrt aber auch. 1991 hat die Stadt Hamburg nicht eingeplante Steuermehreinnahmen von zwei Milliarden gehabt. Die armen Hamburger! Bei anderen war es ähnlich. Fragen Sie einmal die Ministerpräsidenten aus den alten Bundesländern, was die so 1990 und 1991 an nicht eingeplanten Steuermehreinnahmen hatten, mit denen sie 1989 noch nicht rechnen konnten. Jetzt entsteht bei manchen der Eindruck, daß wir jetzt so in geldliche Schwierigkeiten gekommen sind, das hinge mit uns aus dem Osten zusammen. Wir haben vielleicht das Problem deutlicher gemacht, aber jeder, der sich informieren will oder schon informiert hat, weiß, daß auch die alte Bundesrepublik Deutschland schon viele, viele Jahre über ihre Kosten lebt. Sie hat über viele Jahre mehr Geld ausgegeben, als sie verdient hat. Und nun haben wir offensichtlich einen Zeitpunkt erreicht, wo die Leute, die mehr Ahnung haben von Finanzen und Haushalt als ich, sagen, weiter geht das nicht. Sonst arbeiten wir bloß noch für die Zinsen, und unsere Kinder werden uns irgendwann aus den Gräbern herausziehen, weil sie sagen werden, das ist ja unverschämt, wie ihr auf unsere Kosten gelebt habt.

Da gehen nun ungeheure Summen herüber von West nach Ost – weit über 100 Milliarden sind ja kein Pappenstiel. Und da ist eine Menge Geld dabei, das von uns im Osten nicht hart erarbeitet werden mußte.

Dadurch ist es eben auch manchmal leichtes Geld oder billiges Geld. Das muß man ehrlicherweise dazu sagen. Nicht jede Mark, die herübergegangen ist, ist an der besten Stelle ausgegeben worden. Nicht jede Mark ist verantwortungsvoll ausgegeben worden. Nicht jede Mark ist sinnvoll ausgegeben worden. Von daher habe ich den Eindruck, selbst wenn mehr Geld da wäre, es dürfte gar nicht mehr Geld aus dem Bundeshaushalt ausgegeben werden, weil unsere menschliche Schwäche, mit Geschenktem und nicht Erarbeitetem leichtfertig oder verschwenderisch umzugehen, nur neue Unterstützung bekäme.

Lassen Sie mich bitte noch ein paar Sätze sagen zu den außenpolitischen und außenwirtschaftlichen Schwierigkeiten, die mit den Umwälzungen in den beiden Bereichen zusammenhängen, die wir heute schon als etwas völlig Normales ansehen. Das Denkmal Lenin wird vom Sockel gekippt. Wer nimmt den denn heute noch so richtig ernst? Die Union der Sozialistischen Sowjetrepubliken gibt es nicht mehr. Michail Gorbatschow, Präsident der Union der Sozialistischen Sowjetrepubliken, gibt es nicht mehr. Jugoslawien gibt es nicht mehr. Die Tschechoslowakische Sozialistische Republik gibt es nicht mehr. Den Warschauer Vertrag gibt es nicht mehr. Das ließe sich fortsetzen. Das alles ist in den letzten 36 Monaten – nicht Jahren – passiert! Noch im Januar 1991 hat sich der Präsident der Union der Sozialistischen Sowjetrepubliken, Michail Gorbatschow, mit dem Kanzler der Bundesrepublik Deutschland getroffen. Und die beiden haben vereinbart: Wir machen das mit dem gemeinsamen Handel so weiter, wie wir das jetzt angeschoben haben. 25 Milliarden, das ist das Volumen des wirtschaftlichen Austausches zwischen der Union der Sozialistischen Sowjetrepubliken und der Bundesrepublik Deutschland. 1992 sind davon aber nur knapp fünf Milliarden übriggeblieben. Das ist noch nicht einmal ein Fünftel. Und die sind auch nur abgesichert über Hermesbürgschaften der Bundesrepublik Deutschland, d. h., die haben wir auch noch vorfinanziert. Was meinen Sie wohl, was für einen Einfluß das auf Betriebe hat, die weit über 35 Prozent all dessen, was sie exportieren, in die Union der Sozialistischen Sowjetrepubliken exportiert haben, insgesamt 70 Prozent nach Osteuropa?

Und zweitens: Ich habe vorhin bei dem Beispiel mit den Schweinen schon gesagt, es war ja nicht so, daß man in Westeuropa gehungert und seit Jahren nur auf unsere Schweine gewartet hat. Nun ist es ja leider mit unseren anderen Produkten genauso. Das, was wir gebraucht haben und vieles mehr, das haben die Westdeutschen ja alles selber hergestellt. Sie sind doch auf das, was bei uns hergestellt worden ist, überhaupt nicht scharf gewesen. Ein Baum, um daraus gute Bretter, oder Bretter, um daraus einen guten Schrank zu machen: So gnädig sind sie noch gewesen, das haben sie noch genommen. Aber das verarbeitete, das Endprodukt, das wollten sie doch selber herstellen. D. h., der andere Markt, der war absolut gesättigt, und nun wird es ja noch komplizierter, es geht ja im Augenblick herunter. Rezession heißt das, d. h., die Bedingungen sind allgemein in der Weltwirtschaft, also auch für altbundesrepublikanische Betriebe, komplizierter und nicht leichter geworden, der Konkurrenzkampf wird härter. Und dann kommen wir noch dazu. Ausgehungert, wie wir sind, und unsere Märkte sind alle zusammengebrochen, fast alle. Und das muß man noch dazu sagen: Die Produkte, die wir heute herstellen, die müssen wir natürlich auch anders verkaufen, als wir es noch zu DDR-Zeiten getan haben. Da sind wir ja nicht nur mit den Schweinen, sondern auch mit anderen Dingen an der einen oder anderen Stelle schon auf den westlichen Markt gekommen.

Schauen Sie sich einmal einen Neckermann-Katalog von 1988 an, da werden Sie auch eine Menge Industrieprodukte, technische Geräte, Haushaltsgeräte bemerken, die in der Deutschen Demokratischen Republik hergestellt worden sind. Die hat Neckermann aber nur deshalb bei uns gekauft, weil er sie halb so teuer kaufen konnte wie die von Bosch und Siemens! Das geht aber heute nicht mehr! Weil der Arbeiter in Halle sagt: Nein, also mit der Hälfte von dem, was der in Düsseldorf verdient, will ich mich nicht mehr zufriedengeben. Das mögen Sie ökonomisch falsch finden, das ist es sicher auch manchmal, aber menschlich verständlich.

Und damit komme ich zum wichtigsten Punkt meines Themas: Das sind nämlich die menschlichen Schwierigkeiten, die ja zunächst überhaupt niemand gesehen hat. Wir haben gedacht, das kriegen wir mit dem Geld und mit unserer Wissenschaft und Technik und mit unserer Motivation und all dem hin, was wir in den letzten 45 Jahren gelernt haben. Wir haben völlig übersehen oder viel zu gering geachtet, daß da am 3. Oktober 1990 16 Millionen Menschen aufhörten, DDR-Bürger zu sein, und von einer Sekunde zur anderen Bundesbürger wurden. Ich weiß nicht, wie vielen es so ging wie mir. Ich kann mich noch genau daran erinnern. Mir ist in dieser Nacht durch den Kopf gegangen: Jetzt hörst du auf, DDR-Bürger zu sein. (Ich gehörte zu den 85 Prozent, die sich darauf freuten. Was ist mit den 15 Prozent, die sich nicht darauf freuten? Die sind ja nicht in Grönland, die sind weiter unter uns!?) Und mir war deutlich, 46 Jahre alt war ich damals: Rainer, das, was du in deinem Leben gelernt hast, was man dich gelehrt hat, was du in deinem Leben bisher erfahren hast, was dich als DDR-Bürger unter deinen konkreten Lebensbedingungen lebens- und widerstandsfähig gemacht hat, das ist nicht mehr oder nur noch bedingt verwendungsfähig!

Du fängst noch einmal als 46jähriger wie ein Lehrling oder wie ein Schüler oder Student an. Und mir war deutlich, das, was ich da lernen muß, das kann ich nicht alles von einem Tag auf den anderen lernen, dafür werde ich manchmal Wochen, manchmal Monate, manchmal sogar Jahre brauchen. Denn es gibt ja keinen Bereich in meinem Leben, der mit dem 4. Oktober noch so war, wie er bis zum 3. Oktober 1990 gewesen ist.

Ich befürchte, der übergroßen Mehrzahl der 16 Millionen Ostdeutschen ist das überhaupt nicht deutlich gewesen, und die erleben das jetzt eben immer wieder schmerzhaft, daß sie nicht so gut zu Rande kommen wie die Deutschen im Westen. Die Westdeutschen haben die Bundesrepublik Deutschland gebaut, diese Demokratie, die mir so ungeheuer viel wert ist. Sie haben ein gutes Haus gebaut. Aber das ist ein Haus, von dem die Westdeutschen wissen, wie das Fundament ist, wo das Schlafzimmer ist, wo die Küche ist, wo die Wohnstube ist. Sie wissen aus dem Effeff: Ich habe Dachpappe oder Schindel oder Schiefer auf dem Dach. Ja, die wissen sogar, wo der Scheuerlappen liegt und wo die Kaffeemaschine steht. Nun bin ich auch drin in diesem Haus, das sie gebaut haben. Noch einmal: Ich will ja. Und nun will ich mir eine Tasse Kaffee kochen.

Die Westdeutschen sind in der gleichen Situation, wollen sich auch eine Tasse Kaffee kochen, und das ist für sie kein Problem, sie wissen, wo die Küche ist. Sie wissen: Ich habe die Kaffeemaschine in die Küche gestellt oder in die Wohnstube, sie wissen, wo der Kaffee ist, wo der Teelöffel und und und. Sie gehen hin und kochen – und ich fange an zu suchen. Wo ist denn die Küche? Und ob die den Kaffee in der Küche haben, wo ist denn der Küchenschrank? Was meinen Sie wohl, wer die Tasse Kaffee trinkt?

Wenn ich noch einmal an den 9. November 1989 erinnern darf, da haben wir uns in den Armen gelegen. Egal, ob wir uns kannten oder nicht kannten, ob Mann oder Frau, ob alt oder jung. Das hat alles keine Rolle gespielt. Wir haben uns gefreut! Und in dieser Nacht haben wir wahrscheinlich gedacht: So wird das immer sein, wir liegen uns immer in den Armen. Wir sind doch eigentlich alle barmherzige Samariter.

Nein, Sie wissen es besser, ich auch. Die Geschichte vom barmherzigen Samariter steht ja deswegen im Neuen Testament, da bin ich mir ganz sicher, weil die Verfasser hofften, daß es wenigstens manchmal so sein könnte. Oder um noch einmal auf das Bild vom Haus zurückzukommen, wir haben ja offensichtlich naiverweise gedacht, daß die Westdeutschen die nächsten fünf Jahre zumindest entweder so tun, als ob sie nicht wüßten, wo sie die Kaffeemaschine hingestellt haben, damit wir Chancengleichheit haben, oder sie sagen permanent, ich möchte zwar eine Tasse Kaffee trinken, aber trinke bloß die Hälfte und nehme den Eppelmann immer mit, damit wir beide zusammen hinkommen, und jeder trinkt die Hälfte. Das wäre ja eine Verleugnung sämtlicher Lebenserfahrung, die die Westdeutschen bisher gemacht haben. Und warum sollten die Westdeutschen nur uns zuliebe so tun, als hätten sie all das, was sie in ihrem bisherigen Leben gelernt haben, plötzlich vergessen? Sie müssen aber bitte auch verstehen und sehen und begreifen, daß wir eigentlich viele Jahrzehnte lang immerzu hingeschaut haben durch dieses viereckige Schlüsselloch, erst schwarz-weiß und nachher bunt.

Jeden Abend sind wir ausgereist, die DDR-Bürger. Wenigstens so 80 bis 85 Prozent. Und die, die nicht konnten, so ein paar auf Rügen oder im Dresdner Loch, die haben sich darüber geärgert, daß sie nicht schauen konnten. Was meinen Sie wohl, was dem DDR-Bürger durch den Kopf gegangen ist, wenn er durch das viereckige Schlüsselloch in die gute westdeutsche Wohnstube geschaut hat. Meine Güte, geht es denen gut! Oh, was die verdienen und wo die hinfahren können und was die für ein Auto haben und schon wieder ein neues und was es da alles gibt. Oh, denen geht es aber gut. Ich glaube, wir dachten, wir hätten den Zweiten Weltkrieg das zweite Mal verloren. Und nun kommt das, womit kaum noch einer gerechnet hat, die Einheit, die DM...

Können Sie nicht verstehen, daß wir sagen: Jetzt aber so schnell wie nur irgend möglich? Ich habe einen Freund, der wohnt in Celle. Ich war ein paarmal dort. Eine wunderschöne Innenstadt, wunderschön wiederhergestellt, gepflegte Fachwerkhäuser. Ich weiß, daß es heute so gut aussieht, weil das erste Haus schon vor 37 Jahren in den Zustand gebracht worden ist, in dem es heute ist. Aber, wer will mir sagen, mir inzwischen fast 50jährigem, ich muß noch fast 35 Jahre warten, bis es mir so gutgeht wie den Westdeutschen. Sagen Sie mir das doch einmal! Aber dann mir bitte dabei ins Auge schauen!

Und dennoch – und jetzt höre ich damit auf –, es gibt ja nicht bloß Schwierigkeiten. Es sind ja auch ungeheure Chancen. Und nicht nur für mich oder meine Kinder.

Ich erinnere mich noch daran. Freunde sind vor ein paar Jahren einmal von ihrem Urlaub in Skandinavien (die wohnen in Ludwigsburg, unsere Samariter-Gemeinde hat zu denen eine Friedenspartnerschaft) über Berlin nach Ludwigsburg zurückgefahren und haben natürlich von Skandinavien erzählt und wie schön es in Kopenhagen ist.

Und dann haben unsere Kinder immer an den Fingern abgezählt, wie lange es denn noch dauert, bis sie als Oma und Opa nach Kopenhagen könnten. Für 15jährige sind da biblische Zeiten herausgekommen, die sie noch warten müssen, bis sie einmal nach Kopenhagen dürfen. Drei Jahre später sind sie da gewesen! Ich habe auch nicht vergessen, was 1989 im Herbst auf unseren Plakaten stand. Und wenn ich einmal annehme, daß da jeder nur das geschrieben hat, was ihm am wichtigsten war, weil er nun nicht 20 Plakate auf einmal tragen konnte, dann gehe ich auch davon aus, daß das, was uns am allerwichtigsten war, inzwischen Realität geworden ist. Das haben leider so viele schon wieder vergessen.

Offensichtlich liegt es in uns Menschen, daß das, was wir nicht haben, noch nicht haben, daß uns das sehr viel mehr wert zu sein scheint als das, was wir besitzen, was scheinbar alltäglich ist. Alltägliches scheint nichts wert zu sein. Wenn wir begreifen würden, daß es ganz anders ist, dann hätten wir etwas Entscheidendes gelernt. Oder wenn wir begreifen würden, daß jeder einzelne von uns die Möglichkeit hat, den Prozeß dieses Zusammenwachsens zu befördern und zu beschleunigen. Wir müssen uns voneinander erzählen, aufeinander hören. Wie soll ich die Westdeutschen denn verstehen und begreifen in ihrem Anderssein, wenn ich nicht weiß, warum sie so geworden sind, wie sie sind? Wie wollen sie meine Ungeduld verstehen, wenn sie nicht wissen, warum ich so ungeduldig geworden bin? Glauben Sie mir, alle von uns Ostdeutschen, Ex-DDRlern, die so ungeduldig sind, die machen das nicht, weil sie die Westdeutschen ärgern wollen, da wären wir ja dumm, wir wissen doch, daß es ohne die Westdeutschen und ihr Geld nicht geht. Also muß es doch andere Gründe dafür geben. Und die liegen in der Biographie. Wir werden uns also füreinander Zeit nehmen müssen.

Und wir werden vielleicht auch begreifen müssen, daß wir einander brauchen. Die einen wie die anderen. Immer wieder bin ich gefragt worden: Was wollt ihr denn nun bewahren und mitnehmen? Wenn mich das einer vor zehn Jahren gefragt hätte, als Noch-DDR-Bürger, hätte ich wahrscheinlich von den billigen Mieten, von den billigen Fahrpreisen geredet. Das würde ich inzwischen nicht mehr machen. Ich bin da klüger geworden, ich weiß ja, um welchen Preis das passiert ist. Aber im Unterschied zu manchem, der immer noch stammelt, habe ich meine Antwort auf die Frage, was ich bewahren will: Meine 46 Jahre Erfahrung, die ich gemacht habe, die sind ein Schatz für mich. Und nicht nur für mich, auch für Altbundesrepublikaner. Unsere Biographien, die Erfahrungen und Einsichten unseres Lebens sind bedenkens- und bewahrenswert.

Denn dieses Deutschland, in dem wir seit dem 3. Oktober 1990 leben, das ist anders als die alte Bundesrepublik davor. Sie wird mit jedem Tag ein bißchen mehr anders. Es geht gar nicht anders. Es ist ein Viertel dazugekommen. 16 Millionen Menschen mit anderen Erfahrungen, mit einem anderen Lebensstil als die 64 Millionen Altbundesbürger. Und wir werden – und ich meine, das ist auch eine Chance – voneinander lernen können.

Helga Schubert

Vom Wir zum Ich? Diktaturfolgen bei den Siegern der Geschichte

Seit 1977 bin ich aus der Sicht des Ostberliner Finanzamts eine freiberufliche Schriftstellerin, im Westen nannte man das eine freie, nun bin ich seit Oktober 1990 also eine freie Schriftstellerin.

Zwischen diesen beiden Bezeichnungen steht eine Revolution oder eine Wende, je nachdem, von welcher politischen Position man es sieht. Für mich war es ein Zusammenbruch, ein lustvolles Ohnmächtigwerden, halb zog er sie, halb sank sie hin.

Ein Leben nach dem Ende der Diktatur:

Von einem hohen vereisten Berg bin ich die letzten drei Jahre auf einem nicht mehr steuerbaren Schlitten ins Tal gerast, um mich herum Tausende, denen es auch so ging, mir ist fast das Hören und fast das Sehen vergangen, das ganz normale Chaos des Lebens war endlich, endlich angebrochen, ich war nicht allein damit, auch er war nicht allein, weil wir nah beieinander blieben, wir haben uns vertraut und auf uns achtgegeben, daß nicht einer von uns beiden unbedacht bremst und wir stürzen.

Es wuchs eine unheimliche Erleichterung und Lebensfreude in mir, endlich weg von diesem Eisberg, für immer. Die Fahrt wurde langsamer. Aus Eis wurde Schnee, wir waren im Tal, Erde knirschte unter den Kufen, der Schlitten blieb stehen, wir standen auf, ich sah mich um, stand, weiche Erde unter den Füßen, um mich Menschen, die uns nicht weiter beachteten, so, als ob wir schon immer dazugehörten, ja, hier wollte ich immer sein.

Und die anderen?

Nicht mehr zu überblicken, jede und jeder machte etwas anderes, einige stehen auf von ihren Schlitten, verfluchen die unfreiwillige Schlittenpartie, den Schlitten, das Tal, die knirschende Erde. Kein Grund zur Freude, wo ist das Mittagessen? Voll Abscheu schweift ihr Blick. Hier wollten sie nie her. Sie stehen zusammen wie ein Eisblock.

Vom Wir zum Ich.

Das muß alles durch meinen Kopf, sagte sehr erschöpft der Bürgermeister in unserem mecklenburgischen Dorf sechs Jahre vor der Wende, als wir ihn inständig um seine Erlaubnis baten, nur die Erlaubnis, einen LKW-Anhänger benutzen zu dürfen, um den Schutt abfahren zu lassen, denn unser Haus war abgebrannt, ohne unsere Schuld, nach dem Haus der anderen Schriftsteller. Er witterte in unserer Bitte die Gefahr des Neuaufbaus, gerade, wo ihm die Anwesenheit von uns Schriftstellern im Dorf durch den Brand so gnädig beendet schien, wer weiß, wie viele Anfragen er schon zu beantworten hatte. Er sagte NEIN oder wollte vorher gefragt worden sein, jedenfalls hatte er gar nicht die Verfügungsgewalt über den LKW-Anhänger, die hatte der LPG-Vorsitzende, der JA sagte, der Bürgermeister blieb beim NEIN, obwohl er das gar nicht zu bestimmen hatte. Wir bekamen den LKW und bauten das Haus wieder auf, und er ist im Ruhestand. Darum mußte die DDR scheitern, sie ging einfach nicht durch seinen Kopf, dieses Kamel ging nicht durchs Nadelöhr Mensch, eher kommt (investiert) ein Reicher (westdeutscher Chemiekonzern) vielleicht doch noch ins Himmelreich (Umwelt-Vergiftungs-Sanierungsgebiet Bitterfeld).

Diktaturfolgen.

Mich interessiert die gesprochene und geschriebene deutsche Sprache über alles, sie ist meine alte Vertraute, meine Trösterin, meine Hof-Närrin, meine Warnerin. Mich interessiert das Hervorgehobene wie das Verschwiegene, das absichtsvoll Weggelassene. Eine halbe Wahrheit ist doch eine ganze Lüge, sagt ein jüdisches Sprichwort.

Manchmal habe ich in einer einzigen Versammlung des DDR-Schriftstellerverbandes, ich gehörte ihm seit 1975 an, 30 Seiten mitgeschrieben. Und nun kann ich in meinen Mitschriften nachlesen, welcher Kollegin das Messer aufklappte in der Tasche beim Anhörenmüssen des Namens Biermann oder daß der ehemalige Präsident des DDR-Schriftstellerverbandes einen Vorschlag von mir einen Scheißvorschlag nannte. Haß, Verachtung, Angst, auch das sichere Gefühl, sich dafür nie verantworten zu müssen. Der Krug geht solange zu Wasser, bis er bricht.

Sie als Historiker müssen sich, so vermute ich, an Tatsachen halten, an Dokumente, müssen sie streng von Interpretationen und Vermutungen trennen. Ihre Ableitungen dürfen Sie nur sehr vorsichtig treffen, sozusagen untermauert von Beweisen. Unter Strafe meines Untergangs als Schriftstellerin muß ich anders arbeiten, ich muß die Stecknadel im Heuhaufen suchen, die typische Geschichte in einer Zeitungsmeldung entdecken (z. B. daß einer der ersten Bankräuber nach der Wende sich seine Beute in einer durchsichtigen Plastetüte geben ließ, ins gegenüberstehende Kaufhaus floh und dort einem Kunden auffiel, der ihn festnehmen ließ). Ich finde an der Meldung besonders bemerkenswert, daß er einem Kunden auffiel. Aber vielleicht habe ich mir das nur als Überpointe ausgedacht. Ich weiß auch nicht mehr, ob es ein west- oder ein ostdeutscher Bankräuber war. Vielleicht geschah es auch gar nicht in Deutschland.

Eine zweite Zeitungsmeldung habe ich mir auch gemerkt. Sie spielt drei Jahre später. Ein Richter überlegt, wie er einen angeklagten Bankräuber bestrafen soll, der in seinem Heimatort als langjährig treuer Kunde seiner eigenen Sparkasse der ihm seit Jahren bekannten Sparkassenangestellten eine Waffe vorhält und sein Arbeitslosengeld verlangt, nach dem er schon wiederholt vergeblich gefragt hatte, das ihm zustand, versprochen, aber noch nicht auf seinem Konto angelangt war. In meiner Erinnerung, die mich vermutlich täuscht, war es eine Summe von 412,13 DM, die ihm die verschreckte Kassiererin gab und die er auch noch hatte, als man ihn ein paar Minuten später zu Hause verhaftete. Denn seine Adresse brauchte die Polizei ja nur vom Monitor der Sparkasse abzulesen.

Ich möchte nicht weiter über aufgeklappte Messer, arbeitslose Bankräuber und 100-DM-Bündel, die wie in einem Aquarium herumgetragen werden, sprechen, wollte Ihnen nur meinen ganz und gar aus dem Zusammenhang reißenden Zugriff auf die sogenannte Wirklichkeit zeigen. Bei der ersten Geschichte interessiert mich der Bankräuber, bei der zweiten der Richter.

Die Ratlosen, die schnell Verwirrten, die Kindlichen habe ich gern, ich kann sie verstehen.

Ich begrüße die Änderung in meiner Berufsbezeichnung von freiberuflich zu frei, den Preis der Freiheit will ich bezahlen. Mit dieser Meinung stehe ich unter meinen Berufskollegen etwas vereinzelt da, ein Weiblein steht im Walde, aber nicht still und stumm.

Vom Wir zum Ich und dann zu einem neuen, unvermuteten Wir, neue Verbindungen, auch das ist eine Diktaturfolge, über die Grenzen hinweg, in ihren Büchern finde ich die gleiche Dankbarkeit für die gewonnene Freiheit, Verwandte im Denken, Vaclav Havel in Prag, Adam Michnik und Andrzej Szczypiorski in Polen, Petér Nadas in Ungarn, Monika Maron in Hamburg oder Berlin, je nachdem. Manche mögliche Verbündete entstammen dem Lager der Naturwissenschaftler, der Techniker, der sogenannten Westjuristen, der Historiker, der Theologen oder sind abtrünnige DDR-Literatur-Spezialisten (denen zwar ihr kleines übersichtliches Forschungsgebiet zerstört wurde durch die Leipziger mit ihrem „Wir sind ein Volk", die es aber mit Fassung tragen und die Gegenstände ihrer Forschung mit freundlichem Interesse weiter begleiten, was wird nun aus ihren Objekten im fremden Deutschland, im großen Europa?)

Die neuen möglichen Verbündeten, da und dort, für kurze Zeit und nicht mehr auf Gedeih und Verderb, sondern auf einzelne gemeinsame Aufgaben, Arbeiten bezogen, finden sich auch bei Journalisten, die den Tatsachen tapfer ins Gesicht sehen, neugierig geblieben sind. Vom WIR zum ICH, auch sie sind auf diesem Weg.

Gestern las ich in der Zeitung, daß der Präsident des Deutschen PEN-Zentrums (Ost) auf der letzten Mitgliederversammlung äußerte, die Gründung einer Firma „Trauer und Scham" bringe die Autoren nicht voran, statt dessen sollten sie sich wieder stärker in die Probleme der Welt und in Deutschland einmischen. Ich bin zu Recht ausgetreten, dachte ich beim Lesen, denn:

Für mich schließt Trauer und Scham die Einmischung nicht aus, ja, sie scheint mir eine wichtige Voraussetzung zu sein, wenn wir, jetzt sage ich wir, aber es ist ein resigniertes Wir, überhaupt noch einmal ernst genommen werden wollen von den von uns geplagten Zeitgenossen, Hörern, Lesern. Als Anfang 1990, der ersten Mitgliederversammlung des ostdeutschen PEN-Zentrums nach dem Ende der SED-Zeit, also in der Übergangs-DDR zu den ersten freien Wahlen, ein weibliches Präsidiumsmitglied in getragenem Ton von den schweren Zeiten, die nun vor uns, sie sagte uns, lägen, wartete ich, ob sich außer in mir noch irgendein Widerspruch bei den Anwesenden regte, nein, sie blickten ernst.

Ich meldete mich und sagte, daß doch auch Grund zur Freude sei, denn wir hätten eine Diktatur überwunden.

Niemand stimmte offen zu.

Ja, eine Firma „Trauer und Scham“ hatte in diesem ostdeutschen PEN-Zentrum wohl keine Chance. Man wählte statt dessen einen Anwesenden zum Ehrenvorsitzenden, der wegen seiner politischen Vergangenheit ins Zweilicht der demokratischen Öffentlichkeit geraten war, und zwar in offener Abstimmung, obwohl diese offene Abstimmung gar nicht sein durfte. Ich erinnerte daran, daß im PEN-Zentrum doch bei Personalwahlen immer geheim abgestimmt wurde, warum jetzt nicht. Ich bat darum.

Es wurde offen darüber abgestimmt, ob die Anwesenden für eine offene Abstimmung sind, dafür oder dagegen, na also, alle dafür, bis auf eine Ausnahme, wer ist für ihn? Alle, bis auf eine Ausnahme. Ich hatte zweimal allein die Hand gehoben, er sah mich vollkommen beherrscht an.

Vom Wir zum Ich, dachte ich, das ist hier meine Vergangenheit, sie ist vorbei, ich bin frei, hier gehe ich nie mehr her.

Als das ostdeutsche PEN-Zentrum nach der deutschen Vereinigung ziemlich empört das Angebot des Präsidiums im westdeutschen PEN-Zentrum zurückgewiesen hatte, vor einem Zusammengehen der beiden Zentren mit politisch besonders belasteten Ost-Mitgliedern über ihre Vergangenheit zu sprechen, erklärte ich meinen Austritt. Firma „Trauer und Scham“, ist das nicht ein wenig zynisch? Die Formulierung eines Literaturprofessors.

Die Firma war bekanntlich in der SED-DDR auch die interne Bezeichnung für den Staatssicherheitsdienst.

1975 eröffnete die Bezirksverwaltung für Staatssicherheit Groß-Berlin, Abteilung XX/7 gegen mich eine *operative Personenkontrolle wegen Verdachts feindlicher Handlungen im Sinne der politisch-ideologischen Diversion.*

Gründe für das Einleiten waren: *Die Sch. beteiligt sich an einer Athologie* (das n nach dem A versuchte der Offizier schräg über das A zu quetschen, nachträglich) *mit dem Titel „Berliner Geschichten"* (er machte einen falschen Bindestrich im Titel), *die von den Organisatoren zu dem Zwecke* (ich finde, Zwecke mit e am Ende hat etwas Archaisches) *vorbereitet wird, Erzählungen, die einen offen feindlichen und den Sozialismus diffamierenden Inhalt haben, in Zusammenhang mit anderen Erzählungen in einem gemeinsamen Manuskript ultimativ einem Verlag der DDR zur Drucklegung vorzulegen. Die Beteiligten an dieser Anthologie werden im Rahmen des operativen Schwerpunkts „Selbstverlag" bearbeitet.*

Später schreibt er im gleichen Zusammenhang, wobei mir das Lachen beim Lesen verging, denn sie hatten bei aller Lächerlichkeit die Macht über meine Freiheit, meine berufliche Existenz: *Entsprechend der zu erarbeitenden Einschätzung sind Maßnahmen einzuleiten, die eine ideologisch negative Massenwirksamkeit der Sch. verhindern oder zersetzend auf den Personenkreis wirken, der mit offen feindlichen Absichten die Herausgabe der Anthologie „Berliner Geschichten" vorbereitet und organisiert.*

Verdacht auf Verstoß gegen § 106 StGB (das ist staatsgefährdende Hetze und Diversion), lese ich in meinen Akten.

Bis 1989 hatte derselbe Mensch meine Karteikarten in seinem Schreibtisch, jede Lesung ist vermerkt, *feindlich-negativ* war ich, waren meine Texte, meldeten die Spitzel.

Er hat mir nichts getan.

14 Jahre lang hatte er mich in seinem Schreibtisch, überprüfte meine Kontakte, ließ sich Schriftproben geben, vom Verlag, erkundigte sich über mein Liebesleben, verfolgte meine zweite Ehe, ließ auch meinen Mann beobachten, sammelte sogar Zeitungsrezensionen meiner Bücher im Westen, und immer wieder kamen die Spitzelberichte: *feindlich-negativ.*

Pervers, finde ich.

Er soll jetzt in der Ausländerbetreuung in einem Ostberliner Stadtbezirk arbeiten, erfuhr ich von einem Schriftstellerkollegen, den er auch beobachtet hat die ganzen Jahre. Mein Kollege sagte mir, daß dieser ehemalige Offizier freiwillig auf seine Bitte hin zu ihm nach Haus gekommen sei und sich kooperativ verhalten habe, IMs zwar nicht genannt, aber doch seine Arbeitsweise erklärt habe. Ich kenne den Namen dieses Staatssicherheitsoffiziers und könnte ihn anzeigen wegen Amtsanmaßung, wegen Bruchs des Postgeheimnisses, wegen Diebstahls eines Briefes an meinen Mann.

Ich habe ihn noch nie gesehen.

Ich fand seinen merkwürdigen Aktenvermerk: *Die S. verfügt über umfangreiche Verbindungen zu Kulturschaffenden der Hauptstadt der DDR, die nicht für eine Auskunftserteilung genutzt werden können*. Wir, so schlußfolgerte er vielleicht, hätten uns nicht gegenseitig verraten.

Vielleicht gab es ihn, ich möchte es so gern glauben, einen Menschen, der in dieses MfS hineingeraten war und nun nicht mehr herauskam, wie aus einer bedrohlichen Sekte, mitgegangen, mitgefangen, und der nun versuchte, möglichst wenig zerstörerisch zu sein?

Warum sollte nicht auch dort ein Weg vom Wir zum Ich möglich gewesen sein? Heimlich zunächst? Gespräche mit seiner Frau? Mit sehr großem Risiko? Viel größerem als bei uns durch die internationale Öffentlichkeit geschützten Alibi-Schriftstellern, Hofnarren, Devisenbringern? Vielleicht hat er uns beneidet, wenn wir wieder einmal in den Westen durften? Er durfte sicher nie. Wenn ich auch nur einen Tag im Verhör gesessen, diese Entwürdigung ertragen hätte, würde ich wohl nicht mit diesen Gedanken spielen. Aber: *Was hier ist, ist überall, was nicht hier ist, ist nirgends*, las ich als Frau von Anfang zwanzig, wir hatten schon die Mauer, in einer Sammlung fernöstlicher Weisheiten und verstand es nicht. Es kam mir größenwahnsinnig vor, so zu denken. Die wirkliche Welt ist doch woanders, dachte ich. Damals begann ich, Gedichte zu schreiben, und spürte das Tabu, *ich* zu sagen, von *mir* zu sprechen. Unbescheiden bin ich, dachte ich.

Woher nimmst du die Sicherheit, daß du davon etwas verstehst, fragte mich meine um mein Ansehen besorgte Mutter.

Woher nimmst du die Sicherheit, daß es die andern interessiert, daß sie es nicht alles schon lange selbst wissen, länger als du, fragte mich immer wieder ein kluger Mann.

Haben Sie es selbst erlebt, fragten mich Zuhörer bei Schriftstellerlesungen.

Darf man das jetzt schon so aussprechen, fragte mich der Kursleiter eines Hochschulferienkurses für Germanistik an der Uni Halle Mitte der achtziger Jahre.

Ich habe *ich* sagen können, weil ich *wir* dachte.

Was hier ist in meinem Kopf, übersetzte ich den fernöstlichen Gedanken, ist überall, in allen Menschenköpfen, was nicht hier ist, ist nirgends.

Das machte mich beim Schreiben sicher.

Ich habe mir diesen Satz jahrelang in meine Taschenkalender geschrieben und mich damit zu trösten versucht, wenn ich verzweifelt war.

Denn dieser Gedanke brachte mich über den Zaun um uns in eine Geborgenheit, einen Lebensfluß, in eine fast heitere Verbindung zum Walten der Naturgesetze am Himmel und in der Zelle, zu den Konflikten, Freuden und Leiden meiner MitMenschen in anderen Ländern und in vergangenen Jahrhunderten.

Er half mir, einen Schritt zur Seite zu treten und innezuhalten. Wir Menschen, habe ich gedacht, was machen wir mit der Natur. Ich habe dabei an den ganzen Erdball gedacht und an unsere Verantwortung.

Bewahrung der Schöpfung, hieß ein Arbeitskreis in der evangelischen Kirche der eingemauerten DDR.

Für „Brot für die Welt“ wurde in den Kirchen in Extra-Briefumschlägen gesammelt, unsere Währung war also doch für irgend etwas nütze, ich schämte mich einmal nicht mit ihr, wunderte mich. Es gibt Gegenden in der Welt, da hungern sie wirklich, da wollen wir doch ganz still sein. Das sollten wir denken. Vertrauen wagen, hieß ein ermutigender Leitspruch auf einem Kirchentag. Er wärmte mich ein wenig.

Vielleicht erlauben sie es uns, daß wir schon mit 50 Jahren einmal im Jahr privat in den Westen reisen dürfen, wenigstens mit 50, wenigstens dann einmal im Jahr.

Was hatten wir nur für verkrüppelte Bedürfnisse in unserer zusammengeschrumpften Welt.

Wenn jemand sagte, ich habe den Harz noch nicht gesehen, mich stört die Grenze darum nicht, was soll ich am Mittelmeer, wenn ich noch nicht in Halberstadt war, dann hielt ich das für eine Schutzbehauptung, um das furchtbare Fernweh, das ich so zerstörerisch in mir verspürte und in jedem Mitbürger, jeder Mitbürgerin voraussetzte, zu ertragen.

Wenn jemand sagte, wer an der Grenze erschossen wird, ist selber schuld, er weiß doch, daß da geschossen wird, warum stellt er keinen Ausreiseantrag und wartet die paar Jahre, dann hielt ich das auch für eine vorsichtige Äußerung.

Wer weiß, wer zuhört, wird er denken, dachte ich.

Nie hielt ich es für möglich, daß es irgendeine Entschuldigung für unsere politischen Verhältnisse und daß es auch nur einen Menschen geben könnte, der das Leben bei uns nicht für vollkommen verrückt hält. Wir alle schwiegen in der Öffentlichkeit nur aus Angst vor den Folgen, nicht aus Einverständnis, dachte ich.

Es ist ein Überwinterungs-Wir, ein Notgemeinschafts-Wir, dachte ich, wenn ich manchmal schmerzhaft ganz und gar klarsichtig war und keinen Zwischenschritt, keine Änderung durch Annäherung wollte, und dachte, daß sich dann doch nur die Demokraten außerhalb der Ummauerung ändern müßten: Sie müßten blind werden oder mitleidslos. Dann wünschte ich nur noch das Ende.

Nie glaubte ich an ein unblutiges Ende dieser Vergewaltigung. Wir waren doch eingesperrt, primitiv mit Stacheldraht eingezäunt, von Minenfeldern umgeben und von deutschen Schäferhunden bewacht, von unseren eigenen Kindern, die an der Grenze innerhalb unseres eigenen Landes, Deutschlands nämlich, mit einer Kalaschnikow auf Wacht lagen, damit auch jeder Flüchtling mit der Salve dieses Maschinengewehrs erschossen werden konnte, auch wenn er schon kapitulierend die Arme hob.

Warum sollten die Machthaber, dachte ich, freiwillig auf Arbeiter und Erfinder und Techniker und Ärzte verzichten, die sie für Chips arbeiten ließen, die man nur im eigenen Ghetto einlösen konnte? Dann war es doch folgerichtig, daß sie ihre Leibeigenen meistbietend verkauften oder gegen Naturalien tauschten? Ich kann hier nicht mehr atmen, ich fühle mich nicht mehr sicher, meine Post wird geöffnet, ich werde beobachtet, ich lebe mein Leben am falschen Ort, als ich das dachte, als ich endgültig nur noch meinem eigenen Spiegel in mir glaubte, nur noch meinen eigenen Augen und Ohren und Eindrücken traute, da habe ich mich aus der Gegenwart entfernt, in die einzige, mir damals zugängliche Welt, in die Aktenwelt der Diktatur davor, Gerichtsakten über Verrat und politische Denunziation in der Nazizeit.

Was hier ist, ist überall, was nicht hier ist, ist nirgends, habe ich im Innersten verstanden und erkannt: Die Diktatur ist die Täterin, sie ist unmenschlich und verführerisch. Sie verführt Menschen, Täter zu werden, und kann die Opfer lähmen durch Isolierung, durch Entmutigung, durch Desinformation. Man muß zusammenhalten gegen den Sog zum Verrat. Die Arbeit an diesem Buch hat mich endgültig geschützt, denn ich habe den sinnlosen Selbstlauf, die Selbstentwürdigung der Verantwortlichen verstanden.

Diesen Vortrag habe ich in der Einsamkeit unseres kleinen mecklenburgischen Hauses geschrieben, in der Wärme, abends Sturm, tags von der Glaswand neben meinem Arbeitstisch bis zum Horizont hin Felder, die herbe Winterlandschaft, kein Haus zu sehen, kein Auto, auf dem majestätischen Birnbaum in unserem Garten hin und wieder ein großer Vogel.

Ich bin glücklich, dachte ich, man soll es nicht berufen.

Wie soll es weitergehen? Bis auf die letzten drei Jahre, habe ich alle meine Erfahrungen im äußeren Rahmen der sozialistischen und kommunistischen Diktatur gemacht, bis zu meinem 5. Lebensjahr war der Zweite Weltkrieg, dann kam dort, wo ich zufällig aufwuchs, an der Stelle Hitlers Stalin an die Macht.

Nach Stalins Tod blieben die Vasallen (selbst früher Diktaturopfer, aber keine Diktaturgegner, wie sich zeigte) mit seinen Herrschaftsstrukturen und -instrumenten in ihrer speziellen ostdeutschen provinziellen, kleinbürgerlichen, geschichtsfälschenden und geschmacklosen Perfektion.

Das ist nicht vorbei.

Wer weiß, wie viele noch gar nicht Geborene es betreffen wird, denn ihre künftigen Eltern sind ja auch geprägt – und wenn es nur ihre erfahrene Ohnmacht ist, wenn sie gar nicht persönlich verfolgt wurden.

Es war doch eine Freiheitsberaubung, eine Geiselnahme, eine Chancenbegrenzung, eine Lustbegrenzung, eine Einmauerung, eine Luft- und Wasser- und Bodenvergiftung, ein Belogenwerden von der Propaganda, den Zeitungen, dem Fernsehen, der Statistik. Es war ein Ausgrenzen von der übrigen Welt, ihren Bergen und Seen, ihren Museen, ihren Tagungen, ihren ganz anderen politischen Meinungen und ganz anderen Möglichkeiten zum Experimentieren.

Ich weiß, das ist mit dem Massenmord an den Juden durch die deutschen Nationalsozialisten und dem Massenmord an Stalingegnern und ganzen Völkern auf Befehl Stalins und mit dem Hunger in den Armutsgegenden heute auf dieser Erde nicht zu vergleichen.

Aber es handelte sich immer um ein einziges Leben.

Vom Wir zum Ich – Diktaturfolgen bei den Siegern der Geschichte. Bei der Formulierung der Überschrift, es ist ein halbes Jahr her, unterlag ich einem Wahrnehmungsfehler, und über Wahrnehmungen des Befindens in Deutschland soll ja hier gesprochen werden, darum stehen zwei der drei „N" (wie Nora) im zweiten Teil der Überschrift in unzutreffenden Wörtern, aus heutiger Sicht, möchte ich betonen.

Diktaturfolgen bei *den Siegern* der Geschichte, da stimmt etwas nicht, und zwar bei den Siegern.

Wenn ich „aus heutiger Sicht" sage und damit eigene Wahrnehmungen von vor einem halben Jahr meine, dann befinde ich mich bewußt im Sprachgebrauch der meisten ehemaligen und nun wankenden Staats- und Parteifunktionäre als Angeklagte vor Gericht oder der in teure Tuche oder violetten Samt gehüllten Staatssicherheitsoffiziere mit ihren Markenbrillengestellen als Zeugen vor den Untersuchungsausschüssen.

Aus heutiger Sicht, sagte der Wahlleiter der sogenannten Volkswahlen vom Mai 1989 nur reichlich ein halbes Jahr später, Anfang 1990, als Vorgeladener am Runden Tisch, hatten wir, er sagte wir, eigentlich nie eine freie Wahl.

Ich saß im rechten Winkel zu ihm an diesem Runden Tisch, konnte von der Seite seine fast demütigen Gebärden betrachten (ich bin arbeitslos, sagte er auf die Frage nach seiner jetzigen Tätigkeit) und dachte, das hat er doch immer gewußt, aber die Formulierung ist grandios:

Aus heutiger Sicht.

Damit versuchten von diesem Zeitpunkt an fast alle fast alles zu entschuldigen.

Damals bekam ich die Brotschneidemaschine, denkt vielleicht der Einwohner des 5-km-Grenzgebiets, zur Belohnung von den Grenz-Organen, als ich die unbekannte Person, die vielleicht eine Republikflucht plante, anzeigte. Aus heutiger Sicht würde ich es nicht mehr machen, es gibt den Grenzstreifen nicht mehr, auf mein Haus haben die damals zwangsweise Umgesiedelten einen Rückübertragungsanspruch gestellt.

Die Nacht hat zwölf Stunden, dann kommt schon der Tag, heißt es bei Brechts Schweyk.

Aber vielleicht wird es bald gar nichts mehr zum Entschuldigen geben?

Wir hatten die billigen Kindergärten, die billigen Ferienheime an der Ostsee, die Abtreibung ohne Nachfragen, die Absolventenlenkung der Studenten, das kostenlose Wasser und die niedrigen Energiekosten. Und vor allem keine Arbeitslosen, höre ich in den Talk-Shows.

Wie bei Hitler, keine Arbeitslosen.

Das ist der große Vorteil von Diktaturen, wenn man nicht zufällig gerade in ihnen leben muß.

Da wird alles gelenkt, nicht nur die Wahl, im Belauerungsnahkampf mit der eigenen Bevölkerung.

Zuckerbrot und Peitsche, gestufte Privilegien, teile und herrsche, die einfachen Machtmittel.

Als der SED-DDR-Wahlleiter, der mich immer so an Fernandel erinnerte, Anfang Februar 1990 trotz seiner Körpergröße so erbarmungswürdig am Runden Tisch umherblickte, auch seine ehemaligen Genossen senkten unsolidarisch die Augen, dachte ich: Wir und nicht er waren Sieger der Geschichte.

Ich dachte an Millionen Arbeiter und ganz junge Menschen. Aber:

Niemand von denen, die ich für Sieger der Geschichte hielt, will sich als Siegerin oder Sieger bezeichnen, jedenfalls öffentlich nicht, nicht unter Zeugen.

Niemand will als Narr, lächerlich, als sogenannt blauäugig naiv dastehen.

In den Kreisen, übrigens in Ost wie in West, denen ich mich innerlich jahrelang zugehörig fühlte, auf deren Sympathie und Anerkennung ich Wert legte und auch angewiesen war, gilt es als ein Tabu, sich jetzt, heutzutage! wohl zu fühlen. Nun bin ich ein glückliches, aber schwarzes Schaf, eine erlöste, aber dumme weiße Räbin, denn ich wollte, ich gestehe es, die Einheit Deutschlands.

Ich wollte zu ihnen gehören, so altmodisch es klingt, und vielleicht ist meine Generation die einzige, die den jungen Menschen die Angst vor der Einheit nehmen konnte, denn für sie war sie ja unnormal, ich wollte zu ihnen gehören: zu den Bayern, den Schwaben, den Pfälzern, den Friesen, den Westfalen.

Ich wollte in dieses mühsam zu bändigende Chaos, das ich aus dem Fernsehapparat oder den kurzen Visiten in westlichen großen Städten kannte.

Ich wollte in den Schutz von überernsten Richtern, in den Schutz einer eingespielten Demokratie mit ihren Schaukämpfen, ihren Gefahren, ihrer Gefährdung, ich habe ihr immer vertraut, so wie einem schon seit lange von ferne geliebten Mann.

Ich wollte aus der Umklammerung der Gartenzwerge, die sich abwechselnd Kommunisten oder Sozialisten nennen ließen, entkommen. Eine ADN-Medung lautete: *In Beantwortung von Anfragen* (wer fragte da überhaupt noch?) *teilt die Pressestelle des Ministeriums des Innern mit, daß für Bürger der DDR* (also für uns alle) *Genehmigungen für Reisen in dringenden Familienangelegenheiten bei Vorliegen von Einladungen anläßlich Geburten, Jugendweihen, Konfirmationen, Erstkommunionen,*

Eheschließungen, einschließlich kirchlichen Trauungen, 25-, 50-, 60-, 65- und 70jährigen Ehejubiläen, einschließlich Jubiläen kirchlicher Trauungen, Geburtstagen (60., 65., 70., 75. und jeder weitere Geburtstag), lebensgefährlichen Erkrankungen und Sterbefällen erteilt werden können.

Wie bisher ist das Vorliegen dieser Gründe durch Urkunden, Bescheinigungen beziehungsweise (das war ausgeschrieben) *amtsärztliche Bestätigungen nachzuweisen. Auskünfte über die Regelungen erteilen die zuständigen Dienststellen der Deutschen Volkspolizei.*

So konnte doch ein Leben am Ende des zwanzigsten Jahrhunderts nicht zu Ende gehen? Menschen, die ich gern hatte, fürchteten sich vor dem Blick in die Tiefe aus dem Hochhausfenster, ich stellte großblättrige Pflanzen davor. Die Versuchung war betörend.

Helga! vergessen Sie nicht, der Geist ist links, immer links gewesen, und dort bleibt er auch, nicht bei den dummen dicken Rechten, sagte mir ein Ostberliner Schriftsteller-Kollege im Dezember 1989 warnend.

Versprechen Sie mir eins, machen Sie in der DDR nicht die gleichen Fehler wie wir hier im Westen, sagte mir beschwörend eine Literaturredakteurin aus Süddeutschland in der zweiten Novemberwoche 1989, ja, sehen Sie denn nicht, was hier los ist, alles in den Händen der Banken und der Atomlobby, das können Sie doch nicht ernsthaft angestrebt haben.

Sie können doch nicht die Einheit Deutschlands wollen, das ist ja nationalistisch, sagte mir ein erbitterter Ministeriumsangestellter der Bundesrepublik beim Weihnachtsempfang der Ständigen Vertretung in der Hannoverschen Straße in Ostberlin.

Sie sind doch verführt von den Versprechungen von den blühenden Gegenden, so können Sie doch nicht ernsthaft denken, sagte mir eine Schweizer Verlegerin im Januar 1990.

Sehen Sie denn nicht, was los ist in der Welt, und alles durch unsere Schuld, die deutsche Vereinigung, vielmehr: der Anschluß, die Kolonisierung kosten uns die Zeit und die finanziellen Mittel, die wir nun wirklich für wichtigere Dinge brauchen, hörte ich eine Frau mit Pumphosen reden, die aus der Toscana kam.

Es ist ein Tabu, es ist unfein, unintellektuell und unmodern in den Augen derer, zu denen ich nun nicht mehr gehöre, leider, dachte ich.

Inzwischen rufen sie schon manchmal wieder an oder schreiben eine Ansichtskarte und fragen, ob wir noch mit ihnen befreundet sind. Sie haben es auch nicht leicht mit ihrer Lebensbilanz in den Redaktionssesseln und vor den Schulklassen. Sie wollen auch keine Firma „Trauer und Scham".

Es war ein heißer Sommertag im vorigen Jahr, und ich sollte für diese Reihe „Befindlichkeiten" ein Thema vorschlagen, zu dem ich etwas sagen und das auch hauptstädtische Zuhörer interessieren könnte.

Ich hatte eine Podiumsdiskussion des bundesdeutschen PEN in München absolviert – war vorher dazugewählt und hatte mich mit dieser Diskussionsteilnahme meinen neuen Kolleginnen und Kollegen vorstellen sollen – und dabei der Versuchung nicht widerstehen können, die seriösen abgewogen diskutierenden Herren auf diesem Podium (ich war die einzige Frau und dann noch aus dem Osten) mit meiner Feststellung zu provozieren, daß ich mich nach dem jahrezehntelangen unerklärten Krieg zwischen Parteiregierung und Bevölkerung der DDR nun unvermutet und glücklich auf seiten der Sieger der Geschichte sehe.

Natürlich mußte ich ihnen das Wortspiel erst erklären – und vielleicht muß ich das auch heute? Wir waren ja in den Händen der Sieger der Geschichte, waren es selbst, besonders die Arbeiter, so stand es in weißer oder schwarzer Schrift auf den roten Transparenten auf Demonstrationen oder einfach in einem Dorf neben einem abgedeckten Schafstall oder in der Auslage eines Seifenladens vor toten staubigen Fliegen – und natürlich wies mich ein auch auf dem Podium anwesender Vertreter des Deutschen PEN-Zentrums (Ost) darauf hin, daß erstens meine Meinung falsch sei und wir zweitens umgehend zu einem neuen Wir kommen müßten.

Mein logischer Fehler an diesem heißen Sommertag war das N, waren die Sieger in der Mehrzahl in diesem Satz, selbstverständlich dürfen auch die Sieger nur in der Einzahl vorkommen:

Also war mein heutiges Thema: Vom Wir zum Ich – Diktaturfolgen bei einer Siegerin der Geschichte.

Wie es im Märchen ist: Die Niederlage der andern hält sich in Grenzen, sie sitzen in den Vorständen von Literaturfördervereinen, in Beratungsgremien, sie mahnen eine Streitkultur an und vor allem Toleranz, Toleranz, moralisch sind sie die wertvolleren Menschen geblieben, vor allem in dieser Wolfsgesellschaft, in der man ohne Ellbogen einfach nicht auskommt, ja, die haben sie in der solidarischen Gesellschaft ihrer DDR nicht gebraucht, sagen sie. Alles, was ich sage und denke und übersehe und vergesse und vergrößere, was ich befürchte und was mich froh macht, hängt bei mir mit meinem vergangenen Leben in einem totalitären Staat zusammen.

Das westliche Rechtschreibprogramm meines Computers, das ganz neu ist und das die von mir häufig gebrauchten Wörter erst aufnehmen muß, muß mich jedesmal vorher fragen, ob ich das betreffende Wort auch wirklich mitnehmen will in unser gemeinsames Schreibleben, also ein richtiger Beitrittsakt: Humboldt-Universität wegen des falschen Querstrichs, fehlenden Bindestrichs? Ja, sage ich, aufnehmen, der *Bindestrich* bleibt, ich ignoriere deinen Einwand.

Nora? Ja, tippe ich.

70jährigen? Übernehmen wir.

PEN und Befindlichkeit und großblättrig und Podium und Atomlobby?

Ja.

Statt Energiekosten schlägt es mir Energielosen vor, das verstehe ich nicht, also Ignorieren die Energielosen, statt Fernandel Vernageln, das geht nun wirklich nicht. Statt ausgrenzen möchte es ausgehangen schreiben. Staatssicherheitsoffiziere will es plötzlich mit einem Bindestrich schreiben, Absolventenlenkung und Hochschulferienkurs, Halberstadt und geschichtsfälschend sind ihm unbekannt, für Welttag möchte es Weltall vorschlagen, das ist später im Text, für Bebel lieber Bibel oder Beben, für Willi lieber Wille und für Stoph lieber Stopp, aber das grenzt an Klamotte, für Staatsgrenze lieber Staatseigene, für Stirnglatze (die von Gorbatschow) lieber Stirnfalte, aber vielleicht streiche ich das nachher noch, statt Hautdüfte lieber Hautblüten, statt Diktaturschaden lieber Diktatorischen, statt Pressesprecherin lieber Pressesprechern, das ist männliches Denken, mein liebes Rechtschreibprogramm, du wirst noch viel bei mir lernen.

Das ist der Diktaturschaden bei mir, vielleicht ist es auch nur als Diktaturfolge die Grundlage meines Glücks. Seit über drei Jahren, seit dem 10. November 1989, kann ich es nach dem Aufwachen, beim wohligen Auftauchen nicht außer acht lassen, daß sie uns nicht mehr festhalten können beim Wegflattern wie fliehende Hühner, nein, ich muß sagen, wie ein fliehendes Huhn vor der zum Schlachten entschlossenen Hausfrau. Ein Huhn kann ja noch, habe ich als Kind schon voll Grauen gehört, wenn es geköpft ist, über den Zaun wegfliegen, auch Störtebeker konnte ohne Kopf laufen. Für mich waren das Sinnbilder einer unverwüstlichen Vitalität, es ging weiter nach dem Tod, wenigstens nach dem Tod, wenn schon nicht im Leben. Eine Verbindung zur großen Natur war da, zur übrigen Welt, die ich gierig in mich sog, wenn die mit den fremdartigen Hautdüften aus dem Westen zu Besuch in unsere Wohnung kamen oder wenn ich eine geborgte westdeutsche Zeitschrift, manchmal schon ein Jahr alt, durchforschte. Der Überbringer aus dem Osten, der sie nach einer Woche wieder abholte, bekam dafür jedesmal ein Abendbrot und blieb für Stunden, so dankbar war ich und so voll Hoffnung, daß er wieder einmal mit einer ausgelesenen westdeutschen Zeitung zu uns kommen wollte.

Es ist alles so geblieben, wie es war, sagen die, die mich als ihre Feindin ansehen, die Diktatur der Partei ist durch die Diktatur des Geldes ersetzt, sagen sie, alles ist gleich, der Staatssicherheitsdienst und der Bundesnachrichtendienst, sagen sie, früher konnte man nicht reisen, weil die Mauer war, heute kann man nicht reisen, weil kein Geld da ist, alles gleich. Aber die Freiheit ist da, wir haben die Freiheit, sage ich. Über die Freiheit müssen sie lachen.

Sie hat Freiheit gesagt, sagen sie, das hat keinen Wert an sich. Die Freiheit zu verhungern.

Neulich soll jemand erst ein halbes Jahr nach dem Tod in seiner Wohnung aufgefunden worden sein, so etwas wäre früher nicht passiert.

Aber früher, sage ich, gab es demgegenüber die Total-Kontrolle, das Berlin-Verbot oder das Verbot, den Stadtbezirk Mitte zu betreten. Das war im Personalausweis eingetragen.

Der schwule Friseur, der so gern geschminkt und in weißes Laken gewickelt, einfach, um auf seine Weise zu provozieren, am hellichten Tage vom Stadtbezirk Berlin Prenzlauer Berg in den Stadtbezirk Mitte eindringen wollte durch Überqueren der Wilhelm-Pieck-Straße, wo sie in die Mollstraße übergeht, vorbei an den Wachposten vor dem Zentralen Archiv des Instituts für Marxismus-Leninismus beim Zentralkomitee der Sozialistischen Einheitspartei Deutschlands, Ecke Prenzlauer Allee. Sie kannten ihn schon, erzählte er mir beim Haareschneiden, ließen sich aber trotzdem seinen Ausweis zeigen mit dem Verbotsvermerk und schickten ihn zurück in die Prenzlauer Allee. So verhinderten sie immer seinen Durchbruch in die Karl-Liebknecht-Straße, die ihn schließlich zum Alexanderplatz geführt hätte, 200 Meter weiter. Sein Anblick, meinten die zuständigen Organe, wäre dem sozialistischen Stadtbild, so wie es den Besuchern aus nah und fern am toten Alexanderplatz präsentiert werden sollte, nicht zuzumuten. Er lachte, und dabei klirrte das Hundewürgehalsband an seinen feinen Handgelenken, während er mich sorgsam kämmte.

Das ist doch schon so lange her, höre ich, nun haben die Leute andere Sorgen. Leute, die damals noch nicht gezeugt waren, kommen ja schon bald in den Kindergarten.

Aber ich habe alles aufgehoben, die Zeitungsmeldungen, die Lügen, die Dementis der Meldungen der westlichen Nachrichtenagenturen, die gefälschten, retuschierten Fotografien, zum Beispiel das Titelbild von Gorbatschow mit einer rein weißen Stirnglatze, ich wußte es besser, ich hatte ihn mit seinem Muttermal in der Tagesschau gesehen, wir alle wußten, dachte ich damals, daß diese Retusche ein Rückfall in den Stalinismus war, eine Menschenverachtung. Ob ich es erlebe, dachte ich damals, daß er mal im Osten mit seinem wirklichen Gesicht veröffentlicht wird? Ich habe sie erlebt, seine Menschwerdung, sogar seine Entmachtung vor laufender Kamera, bedient von den gleichen Menschen, nun, in der erlaubten, in aller Öffentlichkeit.

Merkwürdig, die Gedenktage im Kalender von 1988, einem ganz normalen, kolibri, terminus 88, mit einer gelben Rokoko-Tischuhr, sie zeigt 12 Minuten nach 10 Uhr, lese ich heute zum erstenmal: Es war die offizielle Welt, mit der ich zu diesem Zeitpunkt nichts mehr zu tun hatte, aber es war die Normwelt, die Welt, in der ich lebte: 3.1.1876 Wilhelm Pieck geboren, 15.1. 1919 Karl Liebknecht und Rosa Luxemburg ermordet, 21.1. 1924 W.I. Lenin gestorben, 11.2. Tag der Zivilverteidigung, 14.2. Tag der Werktätigen des Post- und Fernmeldewesens, 21.2. Tag der Mitarbeiter des Handels, 23.2.1918 Gründung der Roten Armee – Tag der Sowjetarmee (70. Jahrestag), 24.2. 1848 Das Kommunistische Manifest erstmalig in London veröffentlicht (140. Jahrestag), 1.3. Tag der Nationalen Volksarmee, 2.3. 1931 M.S. Gorbatschow geboren, 5.3.1871 Rosa Luxemburg geboren, 14.3.1883 Karl Marx gestorben (105. Todestag), 21.3. Internationaler Tag für die Beseitigung der Rassendiskriminierung, 23.3. Welttag der Meteorologie, 27.3. Welttheatertag, 7.4. Weltgesundheitstag, 10.4. Tag des Metallarbeiters, 12.4.1961 Erster bemannter Weltraumflug mit J.A. Gagarin und gleichzeitig Internationaler Tag der Luft- und Raumfahrt, 16.4.1886 Ernst Thälmann geboren, 18.4. Internationaler Denkmaltag, 21.4.1946 Gründung der SED auf dem Vereinigungsparteitag von KPD und SPD (21./22. April), 22.4. 1870 W.I. Lenin geboren, 24.4. Internationaler Tag der Jugend und Studenten gegen Kolonialisierung und für friedliche Koexistenz und am gleichen Tag Welttag der Partnerstädte, am 5.5. 1818 Karl Marx geboren (170. Geburtstag), 8.5. Welttag des Roten Kreuzes, 10.5. Tag des freien Buches, 17.5. Weltfernmeldetag, 18.5. Internationaler Museumstag, 20.5. Tag der Jugendbrigaden, 5.6. Weltumwelttag, 12.6. Tag des Lehrers, am gleichen Tag auch Tag des Eisenbahners und Tag der Werktätigen des Verkehrswesens, 16.6. Internationaler Tag der Solidarität mit dem Kampf des Volkes von Südafrika – Sowetotag, 18.6. Tag der Werktätigen der Wasserwirtschaft, 19.6. Tag der Genossenschaftsbauern und Arbeiter der sozialistischen Land- und Forstwirtschaft, 26.6. Tag des Bauarbeiters, 30.6.1893 Walter Ulbricht geboren (95. Geburtstag), 1.7. Tag der Deutschen Volkspolizei, 3.7. Tag des Bergmanns und des Energiearbeiters, 9.7. 1914 Willi Stoph geboren, 5.8.1895 Friedrich Engels gestorben, 13.8. 1871 Karl Liebknecht geboren, 13.8.1913 August Bebel gestorben und am gleichen Tag 1961 Sicherung der Staatsgrenze der DDR, 18.8.1944 Ernst Thälmann im KZ Buchenwald ermordet, 25.8.1912 Erich Honecker geboren, 26.8.1978 Beginn des gemeinsamen Weltraumflugs UdSSR-DDR mit dem ersten Fliegerkosmonauten der DDR Sigmund Jähn (10. Jahrestag), 1.9. Weltfriedenstag, 5.9.1915 Horst Sindermann geboren, 7.9.1960 Wilhelm Pieck gestorben, 8.9. Internationaler Tag der Analphabetisierung (das kann doch nur ein Druckfehler sein, oder Sabotage? H.S.), 11.9. Internationaler Gedenktag für die Opfer des faschistischen Terrors und Kampftag gegen Faschismus und imperialistischen Krieg, 17.9. Tag der Werktätigen des Bereichs der haus- und kommunalwirtschaftlichen Dienstleistungen, 18.9.1973 Aufnahme der DDR in die UNO (15. Jahrestag), 1.10. Weltmusiktag, 9.10. Weltposttag, 13.10. Tag der Seeverkehrswirtschaft – Weltschiffahrtstag, 15.10. Tag der Werktätigen der Leicht-, Lebensmittel- und Nahrungsgüterindustrie, 16.10. Welternährungstag, 24.10. Tag der Vereinten Nationen, 9.11.1918 Novemberrevolution in Deutschland (70. Jahrestag), 10.11. Weltjugendtag, 13.11. Tag des Chemiearbeiters, 17.11. Internationaler Studententag, 20.11. Tag des Metallurgen, 28.11.1820 Friedrich Engels geboren, 29.11. Internationaler Tag der Solidarität mit dem Kampf des palästinensischen Volkes, 1.12. Tag der Grenztruppen der DDR, 11.12. Tag des Gesundheitswesens, 13.12. Gründung der Pionierorganisation „Ernst Thälmann“ (40. Jahrestag), 30.12.1918 Gründung der KPD (70. Jahrestag).

Ja, das war unsere offizielle Welt, aus der wir zwei Jahre später ganz gesittet, etwas ermüdet und resigniert, freiwillig und mit vereinzelt fliegenden Fahnen durch die Tür des Artikels 23 des Grundgesetzes der Bundesrepublik Deutschland zu knapp 17 Millionen in die Welt meines nun 1993er Taschenkalenders traten: Neujahr: 1. Januar, Heilige Drei Könige: 6. Januar, Valentinstag: 14. Februar, Rosenmontag: 22. Februar, Fastnacht: 23. Februar, Aschermittwoch: 24. Februar, Karfreitag: 9. April,

Ostersonntag: 11. April, Ostermontag: (wie sich denken läßt, H. S.) 12. April, Maifeiertag: 1. Mai, Christi Himmelfahrt: 20. Mai, Pfingstsonntag: 30. Mai, (Sie ahnen es:) Pfingstmontag: 31. Mai, Fronleichnam: 10. Juni, Mariä Himmelfahrt: 15. August, Erntedankfest und Tag der deutschen Einheit: 3. Oktober, Reformationstag: 31. Oktober, Allerheiligen: 1. November, Allerseelen: 2. November, Volkstrauertag: 14. November, Buß- und Bettag: 17. November, Totensonntag: 21. November, Mariä Empfängnis: 8. Dezember, 1. Weihnachtstag: 25. Dezember, 2. Weihnachtstag: 26. Dezember. Als ob wir auf einen anderen Stern geflogen wären. In diesem Westkalender finde ich keinen einzigen Gedenktag von meinem Ostkalender wieder, dafür aber drei neue Tage: am 5. Mai den Europatag (wir hätten ja nicht dazugehört, so wie die anderen osteuropäischen Staaten noch heute), am 4. Oktober den Welttierschutztag und am 29. Oktober den Weltspartag.

Ich bin in eine andere Kalenderwelt gekommen.

Mit meinem schweren Vergangenheitsgepäck stehe ich da und denke, es ist schon richtig gewesen, daß wir zusammenrückten, als wir einen gemeinsamen Feind hatten. Wenn es darauf ankäme, könnte man sich wahrscheinlich wieder auf uns verlassen, auf dich und auf Sie großgeschrieben und auf mich auch.

Mit einem Ausspruch von Elie Wiesel möchte ich schließen: Der Gegensatz von Liebe ist nicht Haß, der Gegensatz von Hoffnung ist nicht Verzweiflung, der Gegensatz von geistiger Gesundheit und von gesundem Menschenverstand ist nicht Wahnsinn, und der Gegensatz von Erinnerung heißt nicht Vergessen, sondern es ist nichts anderes als jedes Mal die Gleichgültigkeit.

Peter Merseburger

Von der doppelten Vergangenheit

Über die deutsche Befindlichkeit in Ost und West nachdenken heißt nicht nur, den Ursachen des Nichtverstehens, den unterschiedlichen Entwicklungsgeschichten nachzuspüren, sondern auch, an die Leichen und Skelette in den Kellern und Schränken von West und Ost zu erinnern – an die der gemeinsamen deutschen Geschichte vor 1945, aber auch an die danach. Jene Mißstimmung, die zwischen Besser-Wessis und Jammer-Ossis, zwischen Vertretern einer vermeintlichen Kolonialmacht und den angeblich Kolonisierten, zwischen selbst proklamierten Siegern und wehklagenden Unterworfenen herrscht und den Prozeß der inneren Vereinigung zunehmend belastet, hat gewiß seine Ursache im Streit über Milliardentranfers und Treuhandpolitik, Zusammenbruch der Wirtschaft, Arbeitsbeschaffungsmaßnahmen und Industrieförderung. Das alles sind Auseinandersetzungen, die den Ostdeutschen auf den Nägeln brennen. Fast wichtiger aber scheint mir der Zusammenprall verschiedener Mentalitäten, wie sie in vierzig Jahren der Teilung in Ost und West gewachsen sind.

Sieht man von den gemeindeutschen Tugenden einmal ab, die vielleicht geblieben sind – also Fleiß, Gründlichkeit, Sparsamkeit und Disziplin– haben sich zwei völlig unterschiedliche Sozialisationsmodelle mit entgegengesetzten Wertvorstellungen herausgebildet. Die Fähigkeiten und Verhaltensmuster, die in der sozialistischen deutschen Gesellschaft gefördert wurden und zu sozialen Erfolgen führten, sind in dem vereinten Deutschland kaum zu verwenden. So existieren im neuen deutschen Nationalstaat zwei Gesellschaften teils nebeneinander, teils gegeneinander, ohne daß eine Befriedung oder Integration beider absehbar ist. Es wäre auch vermessen, dies nach über vierzig Jahren der Auseinanderentwicklung heute schon zu erwarten. Der Umdenk-, Umerziehungs- und Lernprozeß, der dafür erforderlich ist, umfaßt mindestens die Zeitspanne einer Generation. Ich zähle sogar zu den Pessimisten, die in längeren Zeiträumen rechnen und meinen, die Aufhebung der deutschen Teilung wird nicht weniger Zeit brauchen als ihr endgültiger Vollzug mit dem Bau der Mauer. Erst in dreißig Jahren eröffnet sich die Aussicht, daß in den gemeinsamen Grenzen der größeren Bundesrepublik *eine* Gesellschaft wohnt und die Begriffe Ost und West auf ihren ursprünglichen geographischen Inhalt schrumpfen. Erst dann wird aus den zwei Gesellschaften das *eine* Volk, welches die Montagsdemonstranten in ihren Sprechchören beschworen. Erst dann hat der wiedererrungene Nationalstaat seine Nation.

Einen großen Anteil an der Herausbildung der verschiedenen deutschen Mentalitäten, welche der schnellen Integration von Ost- und Westdeutschen heute im Wege steht, hat die Bewertung der gemeinsamen Geschichte bis 1945. Nicht nur die historischen Deutungen gingen da auseinander, es wurden auch verschiedene Konsequenzen aus ihr gezogen. In dem einen deutschen Staat entdeckte man, wenn auch schrittweise, die bewährten Freiheiten der amerikanischen und französischen Revolution für das kollektive Bewußtsein neu – in dem anderen tat man sie einmal mehr in Acht und Bann. In dem einen erkor man die persönliche Initiative und das individuelle Glück des alten Adam zum Ideal, in dem anderen den Neuen Menschen und seine Einordnung ins Kollektiv, wie dies die vulgärmarxistische Säkularreligion der einen führenden Partei gebot.

Nach dieser Vorrede bin ich versucht, wie im Märchen fortzufahren: Es war einmal eine schreckliche sprachliche Mißgeburt; 17 Jahre lang beherrschte sie das Vokabular von Politikern, die sich um das Verhältnis zwischen Bonn und Ostberlin bemühten. Und freimütig gestehe ich, daß ich sie als Journalist oft selbst gebrauchte, obschon sie eine Gleichsetzung nicht nur von zwei völlig verschiedenen Staatsgebilden, sondern auch von zwei weit voneinander entfernten Werte-Welten enthielt. Aber sie hatte den Vorzug, umständliche Wortungetüme wie „die Beziehungen zwischen der Bundesrepublik Deutschland und der Deutschen Demokratischen Republik“ aufs angenehmste zu verknappen, und das war für Journalisten wichtig – zumal für Leute wie mich, die unter der Diktatur der bei der Tagesschau in Hamburg festinstallierten Sekunden-Guillotine arbeiten mußten. Denn das Fallbeil fiel fast automatisch, wenn die zulässige Länge überschritten war. Und bist du denn auch noch so fleißig, es bleiben immer nur eins dreißig!

Das schauderhafte Wort hieß deutsch-deutsch und war, genau besehen, eine sprachliche Unzulässigkeit. Deutsch-deutsch war ja zunächst nichts als eine Verdoppelung von deutsch – so etwas wie deutsch im Quadrat, also Nonsens. Deutsch-britisch, deutsch-französisch oder deutsch-sowjetisch wirkte dagegen korrekt und machte Sinn. Dennoch zählte die Mißgeburt zum Wortschatz der politischen Klasse Westdeutschlands, da sie ziemlich genau die Mühen umschrieb, welche diese im Umgang mit der DDR immer hatte – sehr zu deren Mißvergnügen: Einerseits war diese DDR nämlich ein anderer Staat, andererseits aber durfte sie nicht einer wie jeder x-beliebige andere sein, ob der nun Madagaskar hieß oder Papua-Neuguinea, Yemen oder Malaysia. Deutsch-deutsch wurde nur im Westen gebraucht, denn es drückte das Besondere aus – einen Prozeß, der von der Teilung zur Trennung der Deutschen geführt hatte, die jedoch als endgültig nicht anerkannt wurde.

Es gab allerdings eine Zeit, die nach der heute gängigen Wertung des DDR-Regimes völlig vergessen scheint – eine Spanne, in der das Wort deutsch-deutsch auch im Politbüro nicht ungern gehört wurde, weil es damals in der Tat gemeinsame deutsche Interessen gab. Auf dem Höhepunkt der Nachrüstungsdebatte, Jahre vor Gorbatschows Machtantritt – im Kreml regierten damals in schneller Folge Breschnjew, Andropow und schließlich Tschernenko – weigerte sich Erich Honecker, den Moskauer Konfrontationskurs voll mitzufahren. Soweit dies einem Vasall überhaupt möglich war, ließ er Zweifel an der Aufstellung der sowjetischen SS-20 deutlich werden. Geradezu demonstrativ führte er den Dialog mit den Bonnern weiter, obschon dieser nach Moskauer Meinung über Raketenzäune hinweg nicht mehr zu führen war – eine Tatsache, die dem DDR-Chef damals gute Zensuren selbst in der konservativen westdeutschen Presse eingebracht hat. Dies sei hier nicht vermerkt, um den Charakter des DDR-Regimes zu beschönigen, sondern um ein Klima in Erinnerung zu rufen, das eine Entwicklung erklären mag, die vielen schon damals, nahezu allen aber spätestens seit 1989 als kapitaler Fehler dünkt: nämlich Tendenzen auf westlicher Seite, die auf eine definitive Festschreibung der Teilung und des Status quo zielten. Zwar verbot dies das Grundgesetz, das die Option für den deutschen Nationalstaat in den Rang eines Verfassungsgebots erhob, aber viele Politiker gedachten in der zweiten Phase der Entspannungspolitik nicht, sich daran zu halten. Auf andere Art als Ronald Reagan, der beim Amtsantritt, vom evil empire, vom moskovitischen Reich des Bösen gesprochen hatte, um dann später mit dem Erzfeind doch gemeinsam abzurüsten, waren auch die Entspannungspolitiker der zweiten Phase Manichäer: Die mächtige Sowjetunion erschien ihnen als die auf ewig unerschütterliche Gegenmacht des Westens, die Teilung Deutschlands als der unerläßliche Tribut, den man ihr entrichten mußte, um den Frieden in Europa zu retten. Weil Stabilität im Lager des Gegenblocks als wichtige Bedingung für die Wahrung des Friedens galt, gingen westdeutsche Politiker bei politischen Besuchen in Ostblockländern Begegnungen mit Dissidenten und Bürgerrechtlern aus dem Weg. Motto: Um des Friedens willen war der staatlichen Gewalt stets Respekt zu zollen, mochte sie auch noch so repressiv sein – und deshalb verbot sich das Eintreten für die Menschenrechte von selbst; sich anders zu verhalten, so die Argumentation damals, hätte diese staatliche Gewalt als einen für den Friedensprozeß in Europa unerläßlichen Partner unter Umständen schwächen oder destabilisieren können.

Ein deutscher Bundeskanzler bekundete Verständnis für die Einführung des Kriegsrechts in Polen, weil er darin das einzige Mittel sah, Stabilität im östlichen Lager zu wahren. So viel Verständnis ging selbst auf dem Höhepunkt des Rüstungswettlaufs zu weit, zumal die typisch deutsche Verachtung der Polen darin mitschwang. Warum sollte es ihnen bessergehen als den DDR-Deutschen, die an der Frontlinie der feindlichen Welten im Namen von Frieden und Stabilität zu besonderer Blockdisziplin verurteilt waren? Übrigens glichen sich die Strickmuster in

Deutschland-West und Deutschland-Ost verdächtig, wenn es um die Haltung zu Polen ging: Die Überzeugung, daß man durch Streik die Lage in einem Ostblock-Land nicht bessern könne, war auf beiden Seiten der Elbe verbreitet. Vor allem die Arbeiter der DDR meinten: „Was soll der Quatsch – ändern läßt sich dadurch gar nichts – geht lieber ordentlich arbeiten." Wer will, findet hier autoritäre Grundstrukturen angelegt, die ihre gesamtdeutsche Wurzel haben und deutsch-deutsch lebendig blieben.

Bewegte sich eine solche Haltung im kalten Krieg für Bonner Minister vielleicht an der Grenze des Zulässigen – es gab übrigens westliche Regierungen, die auch mutige Gegenbeispiele setzten – so stellte sich doch die Frage, ob sie eine gültige Handlungsmaxime für die Vertreter einer Oppositionspartei sein durfte. Sich in einem anderen Land um die inneren Freiheiten zu kümmern, ist ja stets schwieriger für eine Regierung als für eine Partei, die nicht Verantwortung für intergouvernementale Beziehungen trägt. Aber unsere Opposition suchte die Regierung mit ihrem Konzept der zweiten Entspannung zu überflügeln und hielt sich deshalb betont zurück.

Von Ausnahmen abgesehen, beschränkten sich Sozialdemokraten in der DDR bewußt auf Kontakte zur Staatspartei. Sie scheuten sich nicht, der SED im Ideologie-Papier sogar Reformfähigkeit zu bescheinigen, als diese bereits überdeutlich zu verstehen gegeben hatte, daß sie sich dem Reformkurs Gorbatschows mit allen Kräften widersetzen werde. Heute argumentieren die Verteidiger dieses Papiers verschämt, Reformfähigkeit habe vor allem Reformbedürftigkeit impliziert. Nur: Klar und deutlich benannt haben sie dieses Mangelsyndrom, an dem der reale Sozialismus schließlich zugrunde ging, damals nicht. Mir scheint, vor allem die SPD hat da ein ordentliches Stück ihrer jüngsten Vergangenheit aufzuarbeiten. Doch darf die nötige Debatte nicht die erste Phase ihrer Ost- und Entspannungspolitik überschatten, deren Erfolge völlig unbestritten sind: Das Konzept Wandel durch Annäherung hat die Grenzen durchlässig gemacht und durch immer engere Kontakte das Bewußtsein der gemeinsamen Nation lebendig erhalten. Sie mündete in den Helsinki-Prozeß, der entscheidend zur Auflockerung der östlichen Lagerdisziplin beigetragen hat – auch in der DDR. Mit Blick auf Helsinki verwiesen die regierenden deutschen Kommunisten gern auf den Spielraum, den sie Protestanten unter kircheneigenen Dächern einräumten. Ohne Korb 3 der Helsinki-Schlußakte hätte es manche Regelung zur Ausreiseerleichterung nicht gegeben – auch jene Helsinki-watch-groups nicht, um die sich Bürgerrechtler und Dissidenten im Ostblock formierten. Es gibt wahrlich kein größeres Kompliment für diese Politik, als daß die CDU-Opposition, die sie im Bundestag bis aufs Messer bekämpft hatte, sie in der Regierungsverantwortung übernahm und mit Erfolg weiterführte.

Man kann vieles mit Blick auf den Zeitgeist erklären, entschuldigen läßt es sich kaum. Bei Linken und Liberalen, aber selbst bei fortschrittlichen Konservativen gab es die Überlegung, daß man durch eine endgültige Festschreibung der Teilung – etwa durch die Anerkennung der Staatsbürgerschaft der DDR oder durch Verzicht auf die Präambel des Grundgesetzes – die leidige noch offene deutsche Frage hätte loswerden können. Mit zwei Friedensverträgen für die beiden deutschen Staaten, wie einige sie forderten, hätte sich ja die völlige Souveränität der Bundesrepublik gewinnen lassen – und mit ihr auch Spielraum, sich nun ausschließlich der Vertiefung der europäischen Integration oder den Planspielen der westlichen Allianz zu widmen. Es fehlte weder an protestantischen Pastoren, welche dieses politische Kalkül mit den höheren Weihen der Friedensbewegung, noch an Schriftstellern, die es mit einer moralischen Tiefendimension versahen. Nach Auschwitz könne man kein Gedicht mehr schreiben, hatte der Dialektiker Adorno als These einst laut hingedacht. Seit Auschwitz, sagte Günter Grass – und er ist kein Mann des denkerischen Spiels, sondern ganz und gar Bekenner – hätten die Deutschen für immer das Recht auf Selbstbestimmung und einen eigenen Nationalstaat verloren. Viele Historiker waren – wenn nicht als Priester der Schönfärberei und des Status quo, dann doch als beflissene Diener des Zeitgeists – um den Nachweis bemüht, daß deutsche Vielstaatlichkeit historisch die Regel, das von Bismarck gegründete Reich folglich die Ausnahme darstelle. Die Deutschen, im historischen Zyklus nun wieder bei der Regel angelangt, sollten es endlich zufrieden sein und Ruhe geben.

Es rächt sich immer, Sinnstiftung für einen zutiefst widernatürlichen Zustand zu versuchen, der sich primär auf bloße, brutale Macht stützt. Außenpolitik taugt nicht zu ideologischen Verklärungen; sie ist keine Sache von unabänderlichen Konstanten. Interessengeflechte unterliegen dem Wandel, Machtbalancen der Veränderung. Den nüchternen Briten und den rationalen Franzosen war der Gedanke an die deutsche Einheit stets ein Graus – aber gerade, weil sie eine Gefahr darin sahen und sie zu verhindern suchten, blieben sie von der Widernatürlichkeit der Teilung im tiefsten Inneren stets überzeugt. In London und Paris herrschte historisches Langzeit-Denken vor. Für die deutschen Apologeten der Teilung und ihr Kurzzeitgedächtnis zeigte man an Themse und Seine wenig Verständnis, wenn nicht heimliche Verachtung. Auf alle Fälle mißtraute man ihnen.

Die vor Jahren gängigen westdeutschen Fehleinschätzungen haben noch heute Fernwirkungen auf die Befindlichkeit der Deutschen in West wie Ost. Je teurer nämlich die deutsche Einheit die Altbundesbürger zu stehen kommt, desto häufiger erinnern sich einige Westdeutsche daran, daß der Ruf nach der Einheit diesmal aus dem Osten kam – unter Berufung auf den Text der Nationalhymne, die Johannes R. Becher gedichtet hatte, als die SED noch ihren linksnationalen Einheitskurs steuerte, die zu singen in den Jahren der Abgrenzung von der Nation jedoch verboten war: „Deutschland einig Vaterland". Freilich suchten die Ostdeutschen ihre Brüder im Westen ausgerechnet in einer Phase beim nationalen Portepee zu packen, in der die Sonntagsreden zur Einheit immer seltener gehalten wurden und immer weniger Westdeutsche geneigt warten, ihre Worte ernst zu nehmen.

Die „Westberliner Tageszeitung" veröffentlichte kürzlich das Foto eines Plakats, das lautet: „Hitler stahl mir meine Kindheit – Stalin und Ulbricht meine Jugend – Honecker meine besten Jahre – Kohls Konsorten wollen den Rest!" Unterzeichnet war dies mit: „Jahrgang 1935". Wie ein Schlaglicht erhellt es die

Befindlichkeit vieler Ostdeutscher. Jahrgang 1935 in den neuen Ländern – das ist der Jahrgang der Arbeitslosen oder vorzeitig Zwangspensionierten, der Abgewickelten, der Überflüssigen und der Hoffnungslosen. Aber je heftiger die Ostdeutschen mit dem Hinweis auf den gemeinsam verlorenen Krieg nationale Solidarität anmahnen, desto allergischer fallen manche westdeutschen Abwehrreaktionen aus. Zwar führte das Hereinströmen der Flüchtlingstrecks aus dem Osten 1945 gelegentlich auch zu sozialen Konflikten, aber die Eingliederung gelang schließlich, weil damals das Gefühl einer deutschen Schicksalsgemeinschaft noch lebendig war. Für viele Westdeutsche gibt es nach vierzig Jahren der Teilung eine solche Schicksalsgemeinschaft längst nicht mehr. Je länger der Milliardentransfer von West nach Ost anhält, ohne daß der Aufschwung Ost gelingt, desto mehr sehen sich die Einheitsskeptiker der middle class, der Aufsteiger- und Leistungs-Bourgeoisie bestätigt, die im Westen das Sagen hat – und dazu zählen längst die Facharbeiter von Sindelfingen, Untertürkheim und die an Rhein und Ruhr. Die Ortsvereinsvorsitzende einer großen linken Volkspartei am jetzigen Regierungssitz erklärte kürzlich, sie sei es leid, sich gegenüber Ostdeutschen stets dafür verantworten zu müssen, daß sie in den letzten zwei Jahrzehnten nicht gedarbt habe wie diese. Vor allem die Jüngeren verwehren Einvernahme in gemeinsame deutsche Geschichte, die 20 oder 30 Jahre vor ihrer Geburt geendet hat. So wächst westlich der Elbe die Sehnsucht nach dem Status quo ante – nach der Zeit, in der die Mauer stand, der Wohlstand sicherer schien als nach der Vereinigung, die Toskana schneller und leichter zu erreichen war als Leipzig. Stets hatten die Bundesdeutschen gehofft, einmal Bürger einer größeren Schweiz zu werden. Mit der Rückkehr der DDR in die gemeinsame deutsche Geschichte ist dieser Traum von der Wohlstandsidylle abseits der großen Politik endgültig ausgeträumt. Die Finanzierung des Einheitsprozesses, die ja nur von den Westdeutschen geleistet werden kann, mißrät zum Verteilungskampf, in dem jeder versucht, die Lasten dem anderen aufzubürden. Die Chefs westdeutscher Länder und Kommunen fürchten um ihre Wiederwahl, wenn sie drastisch sparen, wie dies mit Blick auf mehr staatliche

Investitionen im Osten unerläßlich wäre. Der Verteilungskampf zwischen West und Ost tobt besonders heftig in den Reihen der SPD. Ihre Ministerpräsidenten stehen der Denkwelt der 68er nahe, die gehofft hatten, die lästige deutsche Frage endlich für immer los zu sein. Beide großen Volksparteien in der alten Bundesrepublik – auch die SPD – vertreten die Interessen der bessergestellten Mehrheit in unserer westlichen Zweidrittelgesellschaft. Seine Partei, meint der sozialdemokratische Vordenker Peter Glotz, sei heute eine Partei der Mittelschichten.

Umgekehrt mehren sich in Ostdeutschland Anzeichen einer DDR-Nostalgie, die nicht den brutalen Seiten des Regimes, sondern einer sozialen Ordnung gilt, in der man sich auskannte und in der es Arbeit und damit Status gab, mochte der Job auch unproduktiv sein oder ökonomisch überflüssig wie ein Kropf. Die Tabula rasa der gesellschaftlichen Werte, die mit dem Beitritt nach Artikel 23 GG unausweichlich war, brachte nicht nur den totalen Einsturz aller bisherigen Autorität, sie führte zum Zusammenbruch des gesamten bisherigen Orientierungssystems, und was dies für den einzelnen in der früheren DDR bedeutet, wird im Westen oft unterschätzt. Früher gab es für ihn die Gewißheit: „Du bist für dein ganzes Leben grundversorgt." Jetzt grassiert die Angst vor Arbeitsplatzverlust, Konkurrenzkampf und den Zwängen eines neuen sozialen Systems, in dem er noch nicht zu Hause ist. Hans Joachim Maaz, der sich um die kollektive Psychoanalyse des „fehlgeleiteten und kleingemachten Volkes" der Ostdeutschen müht, hat darauf hingewiesen, daß Demokratie in einer solchen Lage leicht als „Diktatur des Westens über den Osten" betrachtet wird. Wie so oft stimmt auch in diesem Fall die subjektive Wahrnehmung, welche DDR-Zeiten nachträglich schönt, mit der Wirklichkeit nicht überein. Sicher gab es keinen sozialen Absturz in die Arbeitslosigkeit, aber es waren doch Vormundschaft und Unselbständigkeit, unerträgliche Gängelei und Mangelwirtschaft, welche die SED als soziale Sicherheit und Errungenschaft pries. Die Spätfolgen dieser über Generationen erzwungenen Deformation des Volkscharakters, Mangel an Selbstverantwortung und Eigeninitiative, können den Integrationsprozeß von Ost und West nur behindern.

Unerläßlich für das Verständnis der west-östlichen Gemengelage im vereinten Deutschland ist es, zu jenem historischen Ausgangspunkt zurückzugehen, mit dem die deutsche Auseinanderentwicklung begann. Nicht zufällig empfanden viele Westdeutsche die Vereinigung ja als Einbruch der Nachkriegszeit in ihre heile demokratische Überflußwelt. Plötzlich war alles im eigenen Land wieder existent, das man hinter sich gelassen und durch die Mauer ausgesperrt glaubte – und es ging dabei um sehr viel mehr als nur das wirtschaftliche Niveau der späten fünfziger Jahre, auf welches die DDR aus westlicher Sicht eingefroren schien. In den Zöglingen der anderen politischen Gesittung, wie sie jenseits der Elbe entstanden war, erkannte man auch eigene Vergangenheit, ein Stück des häßlichen Deutschen: jenes autoritären Charakters, der einmal zum gemeinsamen historischen, zum gesamtteutonischen Erbgut gehört hatte und von dem man meinte, ihm nach vierzig Jahren stabiler demokratischer Entwicklung endlich entronnen zu sein. Wolf Lepenies brachte dies auf die Formel: In jedem Wessi steckt auch ein Ossi – zumindest ein Überrest davon. Da war man gewiß, auf dem Weg vom Kleinbürger zum weltläufigen Europäer einen guten Schritt nach vorn getan zu haben – und findet sich gänzlich unerwartet an der Seite von Mit-Deutschen aus der tiefsten Provinz wieder, Kleinbürgern und Spießern, rückständig in Geschmack und Lebensart. Da war man so absolut sicher, nicht mehr ganz so deutsch wie einst zu sein – nur, um sich plötzlich in einem Boot mit sechzehn Millionen wiederzufinden, die von ausländischen Beobachtern als die deutscheren Deutschen bezeichnet wurden – und sei es auch nur als die roten, aber stets unverbesserlichen Preußen. „Vor dem Zusammenbruch der Sowjetunion“, schrieb William Pfaff, einer der gescheitesten und meistgeachteten amerikanischen Kolumnisten, „wurde gemeinhin gesagt, daß Ostdeutschland das wahre Deutschland sei. Unter dem kommunistischen Anstrich verbargen sich jene preußischen Werte und jenes Ethos, welches vor einem Jahrhundert zur Gründung des Deutschen Reichs geführt hatten.“

Natürlich tauchte die Frage auf, wo die Hunderttausende eigentlich geblieben sind, die vor Honecker noch am vierzigsten

Jahrestag der Republik, wenige Tage vor seinem Sturz, jubelnd und fähnchenschwenkend auf der Leninallee vorübergezogen waren. Es fehlt in diesem Zusammenhang nicht an harten Analysen des Charakters der Deutschen zwischen Elbe und Oder und sie stammen durchaus nicht allein aus westlichem Mund: Jurek Becker spricht von der „Unterwerfungsbereitschaft" seiner ehemaligen Landsleute, Jens Reich konstatiert gar ihre Mitschuld. Die Masse habe geschwiegen, weggesehen, viele hätten mitgetan. Dabei konnten die DDR-Bürger ganz zum Schluß doch beweisen, über welche Macht sie in Wahrheit verfügten, denn es habe nur einer energischen Kraftanstrengung der ganzen Bevölkerung bedurft, um die „verantwortungslosen Trottel" des Politbüros zum Teufel zu jagen. Bei aller Achtung vor der Wut von Jens Reich über ein verpfuschtes Leben: seine Selbstkritik ist übertrieben, auch wenn ein beträchtliches Körnchen Wahrheit in ihr steckt.

Der Vergleich mit Polen liegt nahe. Da erscheint die DDR dann als Land der Anpassung, Polen als das des Widerstands. Aber die Unterschiede in der Ausgangslage sind beträchtlich. In Warschau blieben die Erinnerungen an die kriegerischen Einfälle der Sowjets stets im Bewußtsein – an die Aggression von 1920, vor allem aber an die sowjetische Invasion von 1939, bei der Stalin sich als verläßlicher Verbündeter Hitlers erwies. Daß viele Philosophen und Schriftsteller sich nie mit den herrschenden Kommunisten arrangierten, macht die Ehre Polens aus, schrieb Adam Michnik. Die mächtige katholische Kirche stellte nicht nur die religiöse Gegenmacht zur Partei mit ihrer marxistischen Säkularreligion dar, sie blieb auch ihrer historischen Rolle treu, die sie schon vor dem Ersten Weltkrieg zwischen protestantisch-preußischen und russisch-orthodoxen Überlagerern gespielt hatte: sie wirkte als Gewissen der Nation. Noch heute ist Solidarnosć, die Bewegung des polnischen Widerstandes, die zur führenden Kraft des demokratischen Polens wurde, Symbol für die Besonderheit Polens. Im westlichen Europa hat sie nicht ihresgleichen und paßt in keines unserer gängigen Schemata: sie gibt sich radikal-demokratisch und national, wo es um die politischen Institutionen, katholisch und erzkonservativ, wo es um die Kulturpolitik, beinahe sozialistisch-egalitär, wo es um die Vollbeschäftigung geht.

Wie doch Vergleiche hinken können! Von den Emigranten im Westen abgesehen, umfaßten die Grenzen Polens immer die Masse der Nation. Im Land zwischen Oder und Bug bereitete sich der Zusammenbruch des Kommunismus über Jahre vor; er führte nicht zum Erlöschen des Staates, sondern nur zum Wechsel des politischen Systems. Die Republik zwischen Elbe und Oder dagegen war ein Kunstprodukt des kalten Krieges, Ergebnis einer gemeinsamen Anstrengung von stalinistischer Besatzungsmacht und der ihr ergebenen linksradikalen deutschen Bürgerkriegspartei. Dennoch entwickelte sie sich zum perfektesten System des realsozialistischen Blocks – zu einem, in dem die sozialistische Theorie weitergehend verwirklicht schien als in anderen Bruderstaaten. „Das, was Lenin mit proletarischem Staat meinte", schrieb Sonja Margolina, „war in den Augen von Russen und Polen, die in der DDR lebten, in Ostdeutschland Realität." Wenn es trotz ungünstiger Ausgangslage dahin kommen konnte, hat dies sicher mit dem deutschen Hang zur Perfektion und vorauseilendem Gehorsam zu tun. Doch steckt ein sehr viel größeres Stück vom gesamtteutonischen Erbe darin – eines, von dem sich Westdeutschland bewußt emanzipierte; das kommunistische System im Osten schrieb es auf seine Weise fort.

Fast nahtlos geschah 1945/46 ja der Übergang von faschistischen Strukturen zu den neuen kommunistischen, welche der sowjetischen Besatzungszone aufgezwungen wurden. Es führt eine direkte Linie vom NS-Blockwart zum SED-Hausgemeinschaftsleiter, vom Parteibonbon mit Hakenkreuz im Knopfloch zu dem mit den beiden Händen am Revers. Als Kreisjugendreferent der CDU Jakob Kaisers in einer mitteldeutschen Stadt habe ich selbst erlebt, wie die neue Staatsjugend die Instrumente der alten übernahm: Trommeln und Fanfaren waren dieselben, freilich mit neuem Anstrich und neuen Wimpeln versehen. Daß der sowjetische Komsomol beim Aufbau der Freien Deutschen Jugend Pate stand, bestärkte das Fortleben alter HJ-Rituale. Aber wer war hier die Henne, wer das Ei? Wenn es um Massenaufmärsche, Parteitage, Sportveranstaltungen und die großen Jugendtreffen ging, standen nicht nur das Italien Mussolinis für die Nazis Modell, sondern auch Stalins Sowjetunion mit ihren gigantischen Paraden und Spartakiaden, von denen sich Goebbels gern inspirieren ließ. Die frühen Jahre in der Ostzone und späteren DDR als Aufbruch zu neuen Ufern zu verklären, der letztlich an dem stalinistischen Funktionär Ulbricht zuschanden ward, wie es Hans Mayer in seinem „Turm von Babel" versucht, scheint mir unstatthaft. Zudem wird der renommierte Literaturhistoriker durch einen nicht minder berühmten Dramatiker widerlegt, dem er sich freundschaftlich verbunden fühlt. In seinem Memoirenband „Krieg ohne Schlacht" beschreibt Heiner Müller, wie sein Vater, ein überzeugter Gegner des Nationalsozialismus, Sozialdemokrat und Gegner der Einheitspartei, vom russischen Stadtkommandanten bedroht und erpreßt wird, dem Zusammenschluß mit den Kommunisten zuzustimmen. Der Vater geht schließlich in den Westen, der Sohn bleibt. Was Hans Mayer als Aufbruch zu neuen Ufern preist, geschah unter Einsatz massivster Repression, und sie blieb – in direkter oder indirekter Form – das entscheidende „Wirkungsprinzip" des realen Sozialismus bis zu dessen Ende.

Wer zu verstehen sucht, warum die verordnete gesellschaftliche Umwälzung in der sowjetischen Zone beinahe schicksalhaft hingenommen wurde, sollte sich die Zeit nach dem Zusammenbruch in Erinnerung rufen. Inmitten der Kriegstrümmer schien die Restauration der bürgerlichen Welt, wie es sie vor 1933 gegeben hatte, vielen geradezu aberwitzig. So wurde Sozialismus – auch christlicher – die Parole der Stunde Null in Ost wie West; nur kam er im Osten im Gewand eines Antifaschismus daher, in dem neuer Totalitarismus lauerte. Doch war für diesen der Boden nicht schlecht bestellt. In seiner Mehrheit hatte das deutsche Volk vor Hitler – und zwar der größere, betont nationale Teil des Bürgertums genauso wie die Kommunisten – westlich-parlamentarisch-demokratische Werte abgelehnt. Die Überzeugung der Jugendbewegung, die Ideen von 1914, der Gedanke vom deutschen oder preußischen Sozialismus, der in den Schützengräben des großen Kriegs entstand, hatten als gemeinsamen Nenner die Absage an die Welt des Geldes und des Bürgertums. Es war eine Traditionslinie, welche die deutschen Kommunisten nun auf ihre Weise fortführten.

Für die Älteren gab es kein Zurück zu Weimar, weil „formale" Demokratie in ihren Augen gescheitert war, da sie sich in der Zeit der Massenarbeitslosigkeit und der großen Wirtschaftskrise ohnmächtig gezeigt hatte. Was lebendige Demokratie sein konnte, wußten vor allem die Jungen nicht. Viele von ihnen waren deshalb bereit zu völligem Neubeginn. Erich Loest beschrieb die eigene Wandlung vom Werwolf zum Junggenosssen so: „Mit diesem Schritt bewies er, daß er kein Nazi mehr war, daß nun auch für ihn der Weg frei lag für friedliches Wachsen. Einer, der einer Karriere wegen seine Gesinnung verleugnete, war er nicht. Aber genausowenig war er sich der Tragweite dessen, was er da tat, bewußt. Februar 1945: Wir werden siegen, weil wir den Führer haben! Februar 1946: Nie wieder Politik! Februar 1947: Brüder in eines nun die Hände!" Die Älteren beugten sich, soweit sie nicht zu den wenigen Kommunisten gehörten, schlicht massivstem Anpassungsdruck. Nur wer sich irgendwo organisierte – gleich ob in einer Partei oder den Gewerkschaften, beim Kultur- oder Frauenbund, erbrachte den Beweis, daß er am Aufbau des neuen Staates mitarbeiten wollte – auch wenn er sich damit oft nur Ruhe für seine Nische schuf. Mitmachen, Mitlaufen wurde zur Überlebensstrategie, zur Voraussetzung und Eintrittskarte selbst für bescheidene Karrieren.

Am Ende war die Organisationsdichte im neuen Staat weit größer als bei den Nationalsozialisten. Auch sie hatten sich, ganz wie die SED, als Kaderpartei verstanden und wurden doch Massenpartei. Die NSDAP zählte bei der Machtübernahme 1933 rund 700000 Mitglieder, 1944 waren es acht Millionen. Umgerechnet auf eine Bevölkerungszahl von achtzig Millionen bedeutet dies: zehn Prozent aller Deutschen besaßen das Mitgliedsbuch der NSDAP. Zählt man die Angehörigen der verschiedenen Unterorganisationen dazu, lag die Zahl der nationalsozialistisch Organisierten allerdings erheblich höher. Die SED begann nach der Zwangsvereinigung 1946 mit 1,3 Millionen Mitgliedern, die schließlich auf 2,2 Millionen anwuchsen. Umgerechnet auf die Bevölkerungszahl von 16 Millionen waren rund 14 Prozent aller DDR-Bürger Mitglieder der führenden DDR-Partei. Zieht man die Blockparteien und die SED-geführten Massenorganisationen mit in Betracht – allein im FDGB waren über neun Millionen Arbeitnehmer organisiert – dann lag die organisatorische Erfassung der Bevölkerung durch Parteien und Verbände, ihre Indienstnahme durch das System weit über der im Dritten Reich. Nur gibt dieser Organisationsgrad nicht Aufschluß über die Zustimmung der Massen, auf die beide Diktaturen setzen konnten. Die Zustimmung zum nationalsozialistischen System scheint den Deutschen aus dem Herzen gekommen, die zum Realsozialismus der DDR für viele Pflichtübung gewesen zu sein. Die Tatsache, daß der Apparat der Staatssicherheit um ein Vielfaches größer war als jener der Geheimen Staatspolizei, mag hier seine Erklärung finden.

Es zählt zu den singulären Erfahrungen der Deutschen, daß sie allein gleich zwei totalitäre Diktaturen auf ihrem Boden erlebten, die jeweils von einer großen Mehrheit mitgetragen wurden und deren äußere Formen geradezu groteske Ähnlichkeiten aufwiesen, obschon eine jede sich als Todfeind der anderen begriff. Hans Joachim Maaz aus Halle an der Saale, der beide Diktaturen erlebte, benennt die fatale Koinzidenz in aller Deutlichkeit: „der Führerkult, die Massenaufmärsche, die religionsartigen Rituale und Fetische, der Fremdenhaß und die Feindbildmechanismen ... das dummdreiste Spießertum und die Arroganz der Macht, die Verherrlichung von Stärke, Disziplin und Ordnung ... die repressive Erziehung, die Gehirnwäsche" – allesamt Charakteristika, die für die nationalsozialistische wie die stalinistische Gesellschaft typisch waren. Kann sich einer auf die Tribüne stellen und den Vorbeimarsch der Massen abnehmen, wenn es kein Volk gibt, das die Dienstleistung des Fähnchenschwenkens und Marschierens bereitwillig erbringt?

Müssen wir Deutschen uns nach den Erfahrungen mit zwei Diktaturen nicht fragen, ob wir das geborene Volk der Überzeugungstäter wie der Mitläufer sind? In seiner Zivilisations-Theorie untersucht Norbert Elias die besondere Konditionierung der Deutschen und meint: „In Jahrhunderten absoluter Herrschaft hatten Deutsche ein unausgesprochenes Verlangen nach nationalen Idealen, Glaubensdoktrinen, Grundsätzen und Standards entwickelt, denen man absolut gehorchen konnte. Es ging um alles oder nichts. Der Imperativ war kategorisch." In diese deutsche Tradition sieht er eine „latente oder offene Sehnsucht nach der spektakulären, der außerordentlichen Stunde" eingebaut – eine extreme Ausprägung von Dispositionen, die sich in anderen Industrieländern normalerweise in viel milderer Form beobachten lassen. Es war diese Sehnsucht nach dem Spektakulären, nach dem Außerordentlichen, die Franz Fühmann wie Christa Wolf sich für den neuen Glauben begeistern ließen, demzufolge nur konsequenter Klassenkampf die Welt von ihren Erzübeln, von Faschismus, Kapitalismus und Imperialismus, befreien und den Weg in eine neue Welt ohne Knechtschaft ebnen könne.

Auf welch verlogenen Fundamenten dieser neue Glaube errichtet wurde, zeigte deutlich das Beispiel der Weimarer Goethe-Feiern von 1949. Angeordnet hatte die Wallfahrt zu den Särgen der Klassiker-Dioskuren in der Fürstengruft Marschall Sokolowski mit Befehl Nr. 15 der sowjetischen Militäradministration. Abordnungen der Freien Deutschen Jugend legten Kränze nieder und brachten Fackelzüge zu Ehren Goethes dar. Otto Grotewohl und Johannes R. Becher beschworen den Geist des Humanismus und nahmen den Klassiker für ihre Politik in Anspruch. „Solch ein Gewimmel möcht' ich sehn, auf freiem Grund mit freiem Volke stehn" wurde zum Lieblingszitat der Ulbricht und Honecker, auch wenn dies aus ihrem Munde bald blasphemisch klang. SED-Agitatoren meißelten es an einem Hauseingang der Stalinallee ein, um die hochgesteckten edlen Ziele ihrer Politik zu betonen, die da hieß: Baut nicht Hütten, baut Paläste für das Volk.

Was Nostalgikern wie etwa Hans Mayer noch immer als moralischer Neubeginn, als naiver Aufbruch in die Utopie der besseren Welt gelten mag, der schließlich an bösen, bornierten Apparatschiks scheitern sollte, war zuvörderst Schachzug einer kaltblütig kalkulierten ideologischen Machtpolitik. Jener Marschall Sokolowski, der die Feiern angeordnet hatte, vertrat ja die Gulag-Macht, die Modell für Bechers und Grotewohls neues Deutschland stand. Paßte das etwa zusammen – Sowjets an Goethes Grab und auf den Wachtürmen des neuen Konzentrationslagers Buchenwald? Indes nämlich drunten in Weimar Kränze niedergelegt, der Geist der Klassiker für den sozialistischen Aufbau beschworen und einer abstrakten Humanität gehuldigt wurde, saßen wenige Kilometer entfernt auf dem Ettersberg zwölftausend Gefangene ein, die sehr konkret dem Haß und der Gewalt der neuen Machthaber ausgeliefert waren: durchaus nicht nur Nazis, sondern Gegner der SED und Jugendliche, kaum 16 Jahre alt. Auch Sozialdemokraten befanden sich unter den Häftlingen, die, wie der Vater Heiner Müllers, sich der Zwangsvereinigung widersetzt hatten. Gezielte Aushungerung führte zum Tod von mehr als zehntausend. Die Toten wurden in Massengräbern verscharrt, über die schließlich Bäume wuchsen. Die SED distanzierte sich von Buchenwald – wie von den anderen Konzentrationslagern, die nach dem Einmarsch der Roten Armee von dem NKWD weiterbetrieben wurden. Das sei eine Angelegenheit der Besatzungsmacht, hieß es. Und doch blieben die Grenzen fließend. Oft genug waren es deutsche Kommunisten, die politische Gegner bei den Sowjets denunzierten, ihre Verhaftung veranlaßten und sich so eines unbequemen Opponenten entledigten. Wer die Lager überlebte und nicht entlassen wurde, den verurteilte schließlich in Waldheim ein SED-Gericht, dessen Verfahrensweise der des Volksgerichtshofs Roland Freislers in nichts nachstand.

Über den Gebeinen der Opfer Hitlers erbauten die deutschen Kommunisten das Mahnmal Buchenwald, eine Kathedrale des realen Sozialismus, die der neuen Heilslehre dienen sollte. Der neue Glaube verbot, der neuen Opfer, der des Stalinismus zu gedenken. Vor der Wende erinnerte kein Holzkreuz, kein Grabstein an die nachts vor den Lagerzäunen Verscharrten. Erst nach der Wende dämmerte den Priestern der pompösen Kultstätte Buchenwald, daß es so etwas wie eine gespaltene Menschlichkeit nicht gibt ... An der Geschichte Weimars und Buchenwalds läßt sich die ganze Verlogenheit dessen ablesen, was so gern als die antifaschistische Staatsräson der DDR beschrieben wird. Die Antifaschismusdoktrin der DDR gab ja vor, daß die Kommunisten, weil sie die meisten Opfer im Kampf gegen Hitler gebracht hatten, für die Führungsrolle beim demokratischen Neuaufbau allein legitimiert seien. Dabei gerät dann in Vergessenheit, daß sie Opfer wurden, weil sie Täter waren. Die Teilnahme an den Wahlen zur Weimarer Nationalversammlung im Januar 1919 und damit die Mitarbeit am Entwurf einer demokratischen Verfassung lehnten sie ab, denn sie wollten keinen Staat mit bürgerlichen Freiheiten, sie wollten eine Sowjetrepublik. Schließlich halfen sie nach Kräften mit, die ungeliebte bürgerliche Demokratie, der sie Geburtshilfe von Anfang an verweigert hatten, in den Ruin zu treiben. Weil sie die Demokratie, die sie nie gewollt hatten, nicht verteidigten, saßen sie als erste in Hitlers Konzentrationslagern ein. Kaum befreit, bauten sie ein neues Unrechtssystem auf. Ist da nicht verständlich, wenn Hanna Laurien die Straße, an der das demokratische Abgeordnetenhaus von Berlin liegen soll, nicht nach einer Kommunistin genannt wissen will? Sicher war sie ein Opfer der hitlerschen Barbarei. Aber stand sie etwa für eine bessere, demokratische Gesellschaft – für eine mit Meinungsfreiheit, Parteienstreit und einem demokratisch gewählten Parlament? Und gehört nicht zur Aufarbeitung der deutschen Vergangenheit auch, daß die Linken der 68er Bewegung sich selbstkritisch fragen sollten, warum sie den verlogenen Antifaschismusbegriff der DDR übernahmen?

Zum Verständnis des Lebens in der Binnenwelt DDR, die nahezu drei Jahrzehnte länger als das nationalsozialistische Deutschland existierte, ist eine Analyse des DDR-spezifischen Prozesses der Anpassung unerläßlich, und er muß dialektisch betrachtet und gewertet werden: Anpassung war sicher systemerhaltend, aber die Bereitwilligkeit der vielen, dieses System als Folge des Krieges, als auferlegtes, unabwendbares Schicksal hinzunehmen, half zugleich, es zu verändern. Manche brutale, scharfe Kante wurde abgeschliffen. Anpassung erleichterte das Leben und milderte den Druck. Nach den brutalen Anfangsjahren konnte sich der reale Sozialismus menschlicher geben, ohne daß sich am Grundcharakter des Oktroi das geringste geändert hätte – was in der Sprache der SED bedeutete, daß sich die Machtfrage dadurch nicht stellte.

Nichts wäre verkehrter, als im nachhinein das Leben im realen Sozialismus zu dämonisieren. Spätestens mit dem Bau der

Mauer, als auch die Nichtüberzeugten keine Chance auf einen grundsätzlichen Systemwandel sahen, begann man, sich einzurichten. Innerhalb eines gesellschaftlichen Orientierungsrahmens, der als gegeben hingenommen wurde, gab es privates Glück, beruflichen Erfolg, selbst die Möglichkeit, bescheidenen Wohlstand zu erwirtschaften. Die wachsende Bereitschaft zur Anpassung, durch die Erziehung der jüngeren Generation, die ja in die vorgefundenen Strukturen hereinwuchs, noch gefördert und verinnerlicht, führte dazu, daß der staatliche Repressionsapparat von vielen als gesetzte Norm, als selbstverständliche Realität des Lebens empfunden wurde. Kooperation mit ihm nahm ihm oft den Bedrohungscharakter. Wolfgang Templin schrieb nach Einsicht seiner Stasi-Akten: „Die Staatssicherheit war nicht in erster Linie ein brutaler Repressionsapparat, der jede unabhängige Regung schon im Keim erstickte, sondern ein Organ umfassender Kontrolle, ausufernder Informationsbeschaffung und gezielter Konflikteindämmung. Brutal und zersetzend, wenn es sein sollte und der Widerstand nicht aufhörte, aber sonst viel stärker auf Prävention und erzieherische Arbeit gerichtet, gaben die Tschekisten auch die schwarzen Schafe nicht so schnell verloren." Er bekennt, daß ihn die Genossen der Staatssicherheit als Studenten der Philosophie und übereifrigen Parteigruppen-Organisator nicht lange zu beknien brauchten, um eine erfolgreiche Anwerbung als IM zu melden. „Weder Geld noch Nötigung, sondern der Appell an meine Verantwortung als Kommunist und Genosse machten den Pakt möglich." Am Ende von Templins langem Abschied von der „eigenen Verfallenheit an totalitäre Wunschträume" stand offener Widerstand. Nicht viel anders wird die Entwicklung von Christa Wolf verlaufen sein – auch sie eine überzeugte Kommunistin, die der Staatssicherheit drei Jahre lang die Mitarbeit nicht verweigerte. Sie bat sogar darum, das konspirative Gehabe zu lassen und sich nicht länger in geheimen Wohnungen zu treffen. Doch Schritt für Schritt befreite sie sich dann in ihren Büchern aus dem Gefängnis der Dogmen, an die sie einst geglaubt hatte.

Es gibt keine Rezepte, die ich zur Aufarbeitung der jüngsten DDR-Vergangenheit anpreisen könnte. Die im Osten nicht leben mußten, hatten das Glück, in einer freien Gesellschaft aufzuwachsen – das bewahrte sie vor Versuchungen, denen sie sonst vielleicht erlegen wären. Wer daran zweifelt, sollte sich an die Zahl der Mittäter und Mitläufer der gemeinsamen nationalsozialistischen Vorgeschichte erinnern. Doch dies entschuldigt nichts, eher fordert es zu erhöhter Wachsamkeit heraus! Elisabeth Noelle-Neumann hat mit ihrem Allensbacher Umfrage-Institut Zahlen ermittelt, die Sie nach meinen Ausführungen vielleicht nicht überraschen werden: Im Oktober 1948 hielten 57 Prozent der Westdeutschen den Nationalsozialismus für eine gute Sache, die nur schlecht ausgeführt wurde. Das war drei Jahre nach Kriegsende. Drei Jahre nach dem Zusammenbruch der DDR im März 1992, legte sie den Ostdeutschen eine gleichlautende Frage vor. Und siehe da: 57 Prozent aller Befragten meinten, der Sozialismus sei eine gute Idee, nur schlecht in die Tat umgesetzt. Da wird Kontinuität deutlich, die verdächtig ist.

Westdeutschland hat, mit Hilfe der westlichen Alliierten, einen Weg beschritten, der zur Emanzipation vom antidemokratischen Erbe führte. Aber dies gelang nicht über Nacht, es erforderte Jahrzehnte. Schrittweise wuchsen die Westdeutschen in ihre neuen demokratischen Institutionen hinein, und sie lernten sie schätzen, weil dieser Prozeß von ungeahnter Prosperität, von einer nahezu stetigen wirtschaftlichen Aufwärtsentwicklung begleitet war. Das half der jungen Demokratie, Fuß zu fassen. Im Osten ging der Einzug der demokratischen Freiheiten mit wirtschaftlichem Zusammenbruch einher. Das ist wahrlich keine gute Ausgangsbasis für die Demokratisierung jener deutschen Teilgesellschaft, die nach der ersten nahtlos in die zweite totalitäre Diktatur schlitterte – und in der demokratische Traditionen seit 1933 von Nazis und Kommunisten mit dem Bannfluch belegt waren. Da bleibt nur zu hoffen, daß dieses vereinte Deutschland nicht zur Schönwetterdemokratie degeneriert. In diesem Kontext finde ich die Aufarbeitung von Stasispitzeleien weniger wichtig als die Auseinandersetzung mit der Haltung vieler DDR-Intellektueller. In einer Republik der Taktiker großgeworden, übten sie sich im gebeugten Gang in der Hoffnung, so vielleicht millimeterweise mitzuhelfen, einer Welt näherzukommen, für die sie kämpften und in welcher der aufrechte Gang die Regel sei. Ernst Bloch hatte diesen aufrechten Gang als moralische Orthopädie der Menschenwürde, als Herausbildung von Rückgrat gegen Demütigung und Unterwerfung bezeichnet. Sein Sohn Jan Robert fragte in „Sinn und Form" mit Blick auf die unerschütterliche Loyalität seines Vaters gegenüber der Sowjetunion selbst zur Zeit des großen Terrors und der Moskauer Schauprozesse: Wie war es möglich, daß das revolutionär-utopische Humanum mit unmenschlicher Despotie einhergegangen ist? Nun, das darob entstehende schlechte Gewissen beruhigten sie allzuoft durch unzulässige Vergleiche der Systeme, frei nach dem Motto: Anpassungszwänge gibt es überall. Der Westen hat den CIA, MI 5 und den Bundesnachrichtendienst, der Osten den KGB und die Staatssicherheit. Aber Äpfel mit Birnen zu vergleichen, verbietet sich. Freiheit ist nichts wert, wenn man sie nicht in demokratischen Institutionen einklagen kann. Diese Einsicht gehört zum Lernprozeß, den die Westdeutschen nach dem Krieg durchmachten und der in Ostdeutschland erst an seinen Anfängen steht. Das Wort von Bärbel Bohley, man habe Gerechtigkeit erwartet und den Rechtsstaat bekommen, steht für dieses mangelnde Institutionenverständnis. Mehr denn je macht es nach dem Honecker-Prozeß die Runde in der früheren DDR. Auch wenn das Verfahren oft Züge einer Farce trug – einen anderen Weg, Vergangenheit in einem demokratischen Rechtsstaat juristisch aufzuarbeiten, gibt es nicht. Das Ergebnis mag zutiefst unbefriedigend sein, und doch gilt: Gerade in den Widersprüchen, den vielen Merkwürdigkeiten und taktischen Winkelzügen des Verfahrens spiegelt sich die Stärke der Institution.

In wenigen Jahren müssen die Ostdeutschen nachholen, wozu die Westdeutschen vier Jahrzehnte brauchten. Für diese Reise durch die Zeit benötigen sie nationale Solidarität. Wie alle Osteuropäer, besannen auch sie sich nach dem Zusammenbruch des Kommunismus vor allem auf ihre nationale Identität. In einer Welt, die nach dem Einsturz einer vermeintlich auf ewig gefügten Ordnung einer politischen Trümmerlandschaft gleicht, ist Zugehörigkeitsgefühl zu einer Nation das einzige, was geblieben ist – eine Art natürlicher Notanker. Nur im Rahmen der Nation ist soziale Gerechtigkeit heute denkbar und politisch zu exekutieren. Nationale Zugehörigkeit schließt aus ostdeutscher Sicht also eine Erwartungshaltung ein, die das Bekenntnis zur Nation in Westdeutschland bei vielen erschweren mag. So mancher Wessi denkt, daß der Ossi nur an seine Brieftasche will, wenn er das Wort von der Nation, dem gemeinsam verlorenen Krieg und der gemeinsamen historischen Schuld im Munde führt.

Wenn der Prozeß der inneren Integration gelingen soll, setzt dies vor allem ein Umdenken der Westdeutschen voraus. Sie, die nach dem Krieg in postnationale Welten flüchten wollten, um der Misere der eigenen mißratenen Geschichte zu entrinnen, müssen sich endlich mit dem Begriff der Nation aussöhnen. Nicht zufällig interpretierte Andrej Scypiorksi die Geschichte der alten Bundesrepublik einmal als „Negierung des Deutschseins". Die nötige Rückbesinnung sollte freilich keinem durch Blut und gemeinsame Abstammung, keinem ethnisch definierten Nationenbegriff gelten – gemeint ist vielmehr die Nation im französischen Sinn: Ein politischer Zweckverband von Menschen, die zwar eine Sprache und eine Kultur haben, aber sich vornehmlich zur Nation konstituieren, weil sie sich zu ihr bekennen. Ein so überzeugter Europäer wie Ralf Dahrendorf hat unlängst darauf hingewiesen, daß Menschen- wie Bürgerrechte noch immer von Nationen, nicht von supranationalen Organisationen garantiert und durchgesetzt werden. Selbst wer ein föderiertes Europa will, wie dies als Ziel der jungen Nachkriegsgeneration und den alten Europäern der ersten Stunde, Schuman, de Gasperi und Adenauer vorgeschwebt hat, wird diesen Nationenbegriff als Durchgangsstation zum föderalen Endziel akzeptieren müssen. Noch auf Jahrzehnte nämlich dürfte das Brüsseler Europa eines der Staaten und Nationen bleiben. Nur als Nationalstaat kann unsere Wirtschaftsgesellschaft ihre Interessen am Brüsseler Verhandlungstisch effektiv vertreten.

Wir Deutschen müssen also unser Verhältnis zur Nation in Ordnung bringen. Dazu gehört vor allem, nationale Interessen zu definieren und sie nach außen zu vertreten. In der Wirtschaftsgesellschaft der alten Bundesrepublik diente als Identitätsanker vor allem die D-Mark; nationale Interessen beschränkten sich auf das Offenhalten von Märkten, den Zugewinn an Absatzchancen für die Exportindustrie und auf die Stabilität der eigenen Währung im europäischen Wechselkursverbund. Der wiedergewonnene, nun souveräne und gleichberechtigte Nationalstaat muß jetzt lernen, internationale Verantwortung jenseits von Wirtschaftsinteressen zu übernehmen. Diese Forderung richtet sich zuvörderst an die deutsche Linke, die sich endlich ihrer eigenen Tradition bewußt werden sollte. Es waren ja Sozialdemokraten, die sich Anfang der zwanziger Jahre auf ihrem Parteitag in Görlitz vehement zu einem kollektiven Sicherheitssystem bekannten, in dem die neue Republik Partner mit gleichen Rechten und Pflichten hätte werden sollen. Die Konservativen verschrieben sich damals eher dem traditionellen Konzept betont unabhängiger nationaler Wehrhaftigkeit. Es waren auch Sozialdemokraten, die im Parlamentarischen Rat jenen Artikel 24 ins Grundgesetz schrieben, der ausdrücklich die Beschränkung der nationalen Hoheitsrechte zugunsten eines „Systems gegenseitiger kollektiver Sicherheit" vorsieht. Vor diesem historischen Hintergrund nimmt sich die Blauhelmdebatte der heutigen SPD beängstigend provinziell aus. In ihr werden auf gespenstische Weise eine Verweigerungshaltung um jeden Preis, ein „Ohne-Mich-Über-Alles-Standpunkt" deutlich, die klar auf einen neuen deutschen Sonderweg hinauslaufen. Oder handelt es sich nur um die Phase einer arg verspäteten Pubertät, welche die westdeutsche Linke auf dem Weg zum Erwachsensein durchläuft?

Zugegeben, dieses Deutschland mit seiner doppelten Vergangenheit ist ein schwieriges Vaterland. Aber sollte es wirklich unmöglich sein, daß die Deutschen eines Tages ganz zivil in ihrem angestammten Gehäuse leben wie dies Briten und Franzosen tun, ohne von einem Extrem ins andere zu fallen – selbstverständlich, natürlich und mit großer Gelassenheit?

Richard Schröder

Verführtes Denken?
Zur Rolle der Ideologie in der DDR

Wer von *verkehrtem* Denken spricht, unterstellt einen Maßstab, nämlich das angemessene oder richtige Denken. Woher nehmen wir den? Wer mit dem Anspruch auftritt, richtig zu denken, setzt sich sogleich dem Verdacht aus, bloß *sein* Denken zum richtigen zu erklären. Das kann doch jeder. Ist etwa der Ausdruck „verkehrtes Denken" bloß immer der Name für Denken, das jemandem nicht in den Kram paßt, also bloß eine Waffe im Kampf ums Rechtbehalten? Wir müssen demnach zuerst fragen, ob sich verkehrtes Denken so aufweisen läßt, daß nicht sogleich eingewendet werden kann: „Bloß weil du anders denkst als ich, nennst du mein Denken verkehrtes Denken. Das ist bloß ein Trick, um mich zu diskreditieren."

Ein solcher Aufweis für das Phänomen »verkehrtes Denken" ist erstens möglich, wenn jemand von sich selber sagt: „Ich habe bisher verkehrt gedacht." Ein Beobachter kann zwar einwenden: es ist umgekehrt, früher hat er richtig gedacht, und jetzt denkt er verkehrt. Immerhin ist der Ausdruck „verkehrtes Denken" in diesem Falle nicht mehr bloß eine Waffe in einem Kampf, sondern *Interpretament einer Selbstinterpretation*.

Der Aufweis ist zweitens möglich, wenn jemand *Prognosen* abgegeben hat, die sich als verkehrt erwiesen haben. An den Voraussetzungen muß etwas nicht gestimmt haben, wenn sich die Prognose, also die Folgerungen aus den Voraussetzungen als falsch erwiesen haben.

Der Zusammenbruch der DDR ist selbst die Widerlegung einer Prognose. „Den Sozialismus in seinem Lauf hält weder Ochs noch Esel auf", hatte Honecker zum 40. Jahrestag der DDR am 7. Oktober 1989 in einer ungewöhnlichen lyrischen

Anwandlung verkündet, während er schon längst nicht mehr den Drang der sozialistischen Staatsbürger nach Westen aufhalten konnte. Und die Mauer, die, wenn es sein muß, angeblich noch hundert Jahre stehenbleiben sollte, fiel einen Monat später.

Honecker selbst hat daraus freilich nicht die Konsequenz gezogen, verkehrt gedacht zu haben. Er behauptet, Gorbatschow habe ihn und den Sozialismus verraten.

Trotzdem bezeugt der Zusammenbruch der DDR auch das erstere Phänomen massenhaft, also das Eingeständnis einzelner, bisher verkehrt gedacht zu haben. Manchmal ist es nur ein verschwiegenes, dennoch aber erkennbares Eingeständnis. Ich nenne Beispiele. Das Dezemberheft 1989 der Deutschen Zeitschrift für Philosophie war sehr dünn. Einige Autoren hatten nämlich aufgrund des Rücktritts von Honecker oder aufgrund der Maueröffnung ihren Beitrag zurückgezogen. Ein philosophischer Beitrag, den sein Autor aufgrund des Rücktritts eines Parteichefs nicht mehr für veröffentlichungswürdig hält, war keiner. Im November 1989 begann der Volksbuchhandel, marxistische Schulungsliteratur aus den Buchhandlungen zurückzuziehen. Niemand hatte dergleichen öffentlich gefordert. Welchen Grund auch immer die Akteure für den nachträglichen Versuch einer Verheimlichung des Veröffentlichten hatten, sie waren jedenfalls nicht der Überzeugung, daß der Inhalt dieser Bücher so unanstößig sei wie der eines Mathematiklehrbuchs.

Und warum sagt so selten jemand von sich aus, daß er inoffizieller Mitarbeiter der Staatssicherheit war? Vielleicht befürchtet er, das Publikum würde seine Gründe nicht verstehen. Dahinter dürfte aber zumeist die Einsicht stecken, daß er gar keine guten Gründe vorweisen kann. Er weiß, daß es verkehrt war, seine Kollegen oder gar Freunde zu bespitzeln. Er sucht nun nach Erklärungen, die ihm oder anderen verständlich machen sollen, warum er es dennoch tat und scheitert dabei zumeist an der Tatsache, daß das gar nicht gelingen kann. Weil manche die naive Vorstellung pflegen, wir sollten die Vergangenheit bewältigen, indem die Täter öffentlich bekennen, daß sie gesündigt haben und wir ihnen dann vergeben, sei es noch einmal ausdrücklich gesagt: ein Stasi-Spitzel kann überhaupt keine zufriedenstellende öffentliche Erklärung abgeben. Sagt er: es tut mir leid, lautet die empörte Antwort: so billig kommst du uns nicht davon. Sagt er: ich bin ein Gesinnungslump, heißt es: hinter dieser Maske verbirgt er sich. Sagt er: das war doch damals gar nichts Besonderes, lautet die Antwort: Ausrede. Die Verkehrtheit des Verkehrten zeigt sich hier an der Unaussprechlichkeit in der Öffentlichkeit. Und jener naiven Erwartung der heilsamen öffentlichen Gespräche zwischen Tätern und Opfern muß man entgegenhalten: christliche Beichtpraxis ohne Gott ist etwas Inhumanes. Hier jedenfalls kann „Gott“ nicht durch „Gesellschaft“ ersetzt werden. Und der Beichtstuhl oder die Couch, auf den Marktplatz gestellt, wird zum Pranger. Heilsame Gespräche zwischen Tätern und Opfern können nur unter vier oder sechs Augen stattfinden.

Im Titel meines Vortrags ist nicht von verkehrtem, sondern genauer von *verführtem* Denken die Rede[1]. Von Verführung sprechen wir dann, wenn jemand einem bloß scheinbaren Gut folgend die Umsicht verliert. Bosheit, also die feste Absicht, das anerkanntermaßen Böse zu tun, kommt unter Menschen wahrscheinlich verhältnismäßig selten vor. Und dann besteht jedenfalls kein Anlaß, von Verführung zu reden. Daß jemand die Absicht hat, verkehrt zu denken, kann überhaupt nicht vorkommen. Die Tragik des verführten Denkens, die so schwer lösbare Verknotung dieser Verkehrung, besteht gerade darin, daß hier unter dem Namen des Guten und Richtigen etwas Verkehrtes gedacht und gewollt wird. Deshalb war ja auch die Diskussion mit überzeugten oder sich überzeugt gebenden SED-Genossen so schwierig. „Wir wollen doch das Gute, wir sind doch für den Fortschritt, und Sie doch auch – oder (leicht drohender Unterton) etwa nicht?“ Ich habe mich in solchen Situationen moralistischer Vereinnahmung mit dem Satz gerettet: Das Gegenteil von gut ist (manchmal) gut gemeint (so Odo Marquard frei nach Gottfried Benn).

Von verführtem *Denken* rede ich deshalb, weil ich mich hier nicht für die Tatsache interessiere, daß es in der DDR unter den Herrschenden Machtgier, Korruption und alle möglichen anderen Laster gab. Die gibt es überall. Wir Menschen sind aus krummem Holz geschnitzt, sagte Kant einmal. Verkehrtes oder verführtes Denken verschlimmert die Sache dadurch, daß es für das Verkehrte noch eine Begründung liefert, also ein gutes Gewissen macht, den Hautkrebs mit Schminke versieht. Und das ist die schlimme Wirkung von Ideologien.

Für verführtes Denken bedarf es nicht unbedingt eines Verführers, der das Ganze inszeniert. Von meiner Mutter, die die Kommunisten immer wieder mit den Nazis verglich, habe ich den Spruch: „Der bespitzelte Spitzel bespitzelt den bespitzelten Oberspitzel." Nach demselben Muster kann sich ein verkehrtes Denken durch verführte Verführer, die zugleich verführende Verführte sind, stabilisieren. Jeder Täter ist dann zugleich Opfer. Ich sage das nicht im Blick auf die DDR-Bevölkerung im ganzen, sondern im Blick auf diejenigen, die die Ideologie des Marxismus-Leninismus verbreitet, gepflegt, indoktriniert haben.

Ich vertrete hier die These, daß die verführerische Kraft der Staatsdoktrin der SED, also des Marxismus-Leninismus, wie er durch Schulbuch und Schulung permanent indoktriniert wurde, vor allem auf zwei Momenten beruhte:

1. auf dem hochmoralischen Anspruch, der guten Sache *des Fortschritts* der Menschheit zu dienen und

2. auf dem technizistischen Anspruch einer *„wissenschaftlichen Weltanschauung"*, die nach dem Paradigma „Gesetzmäßigkeiten erkennen und anwenden" eine wissenschaftlich begründete Praxis in Natur und Gesellschaft ermöglichen sollte.

1. „Fortschritt"

Es wird Verwunderung auslösen, daß der Anspruch, dem Fortschritt der Menschheit zu dienen, hier als Verführung des Denkens bezeichnet wird. Ich erläutere das mit einem Zitat von Hannah Arendt:

> „Die Idee des Fortschritts – wenn diese mehr sein soll als eine bloße Veränderung der Verhältnisse und eine Verbesserung der Welt – widerspricht dem Kantischen Begriff der Menschenwürde."[2]

Den Begriff der Würde unterscheidet Kant vom Begriff des Preises. „Was einen Preis hat, an dessen Stelle kann auch etwas anderes als Äquivalent gesetzt werden; was dagegen über allen Preis erhaben ist, mithin kein Äquivalent verstattet, das hat eine Würde."[3] Deshalb kann er den kategorischen Imperativ auch so formulieren:

> »Handle so, daß du die Menschheit sowohl in deiner Person, als in der Person eines jeden andern jederzeit zugleich als Zweck, niemals bloß als Mittel brauchst."[4]

„Menschheit" heißt hier soviel wie Menschsein. Die Menschenwürde respektieren heißt also: keinen Menschen und auch nicht sich selbst bloß als Mittel für irgendeinen Zweck zu behandeln, sondern immer auch als einen Selbstzweck. Jener Imperativ gebietet, in einem jeden Menschen – nicht erst ein zukünftiges, sondern in einem jeden ein gegenwärtiges Menschsein hier und jetzt anzuerkennen und zu respektieren.

Dasselbe meint der Satz: „Jeder Mensch hat ein Recht auf Rechte" (Georg Picht). Insofern gebietet er auch, das zu unterlassen, was die Menschenwürde beschädigt und das zu fördern, was ihr zugute kommt. Das meint Hannah Arendt mit den Verbesserungen der Welt. Dagegen verbietet dieser Imperativ einen Fortschritt, der sich den „neuen Menschen" zum Ziel setzt, weil für ein solches Projekt die gegenwärtig lebenden Menschen nur das Mittel für das große Ziel sind. Dies ist die eine Gefahr des Programms: „Utopie verwirklichen", „das Menschheitsglück herstellen". Die andere, auf dem Fuße folgende Gefahr ist die: den Glücksverhinderer ausfindig machen und bekämpfen (die „feindlich-negativen Kräfte"). Der apokalyptische Dualismus der Kommunisten, dem wir nun in den Stasi-Akten noch radikaler begegnen als im „Neuen Deutschland" der letzten Jahre, hat hier seinen Ursprung. Die Kommunisten haben permanent nur in der Perspektive des Kampfes („auf zum letzten Gefecht") gedacht – auch dies eine Art von Realitätsblindheit, die nur schwarzweiß sieht, also weder die Grautöne noch die Farben. Der der Idee der Menschenwürde widersprechende Fortschrittsbegriff ist derjenige, der nicht im Rechtsgedanken sein Maß und seine Grenze hat. „Was Recht ist, bestimmen wir", haben die SED-Genossen nicht selten gesagt. Das haben sie so begründet: „Die entscheidende Frage ist die Machtfrage, denn nur wenn wir die Macht haben, können wir unser humanistisches Projekt, den Aufbau des Sozialismus, verwirklichen."

In der Tat: ohne Macht kann niemand handeln. Macht wird aber erst durch Machtbegrenzung human. Machtbegrenzung wird politisch durch Machtkontrolle und Gewaltenteilung organisiert. Ursprünglicher noch aber findet Machtbegrenzung statt durch Recht und Moral, d. h. durch intersubjektive Anerkennung. Es war ein Geburtsfehler des Marxismus, der bis zu Marx selbst zurückreicht, daß Recht und Gerechtigkeit für ihn keine leitenden Kategorien waren. Statt dessen hieß es: „Das Recht ist immer ein Machtmittel der herrschenden Klasse." Dieser Satz mag ja als heuristische These einer Ideologiekritik, die Mißbrauch diagnostizieren will, brauchbar sein. Als Definition des Rechts beweist er bloß, daß nicht begriffen worden ist, was Recht ist, oder: daß der Mißbrauch zum Gebrauch umdefiniert wird. Die Verführung zum Allmachtswahn, der sich in den zitierten Sätzen eine ausdrückliche theoretische Begründung gab, war ermöglicht durch das hochmoralische Ziel: eine Gesellschaft ohne antagonistische Widersprüche, eine Gesellschaft der Befriedigung aller Bedürfnisse schaffen zu wollen. Das hochmoralische Ziel war eine Gesellschaft, in der Menschen überhaupt nicht mehr für andere Menschen Mittel, sondern nur noch Selbstzwecke sind, eine Gesellschaft der universellen menschlichen, menschheitlichen Selbstverwirklichung.

Kant hatte sozusagen für die Zukunft weniger, aber für die Gegenwart mehr gefordert: „jederzeit zugleich als Zweck, niemals bloß als Mittel", aber doch auch als Mittel, als Mittel freilich nur in den Formen des Rechts. Kant hat behauptet, daß selbst die vollständige Bedürfnisbefriedigung, ein erklärtes Versprechen der Kommunisten, das Defizit verweigerter Anerkennung nicht ausgleichen kann: „Warum hat es noch nie ein Herrscher gewagt, frei herauszusagen, daß er gar kein *Recht* des Volks gegen ihn anerkenne; daß dieses seine Glückseligkeit bloß der *Wohltätigkeit* einer Regierung, die diese ihm angedeihen läßt, verdanke, und alle Anmaßung des Unterthans zu einem Recht gegen dieselbe (weil dieses den Begriff eines erlaubten Widerstands in sich enthält) ungereimt, ja strafbar sei? – Die Ursache ist: weil eine solche öffentliche Erklärung alle Unterthanen gegen ihn empören würde; ob sie gleich, wie folgsame Schafe, von einem gütigen und verständigen Herren geleitet, wohlgefüttert und kräftig beschützt, über nichts, was ihrer Wohlfahrt abginge, zu klagen hätten. – Denn mit Freiheit begabten Wesen genügt nicht der Genuß der Lebensannehmlichkeiten ...; sondern auf das *Princip* kommt es an, nach welchem es sich solche verschafft. Wohlfahrt aber hat kein Prinzip, weder für den, der sie empfängt, noch der sie austheilt."[5]

Da für die SED die Machtfrage das Entscheidende war, hat sie konsequent das Risiko freier Wahlen gescheut und statt dessen Scheinwahlen veranstaltet. Diesen Skandal brauchten wir für sich genommen nicht unter der Überschrift „Verführtes Denken" zu behandeln. Verführtes Denken aber lag der ausdrücklich vorgetragenen marxistischen Legitimationstheorie zugrunde, die auch diesen Wahlmodus legitimierte. Ich meine die Theorie von der „historischen Mission der Arbeiterklasse", die ihrerseits die Theorie von der „führenden Rolle der Partei" begründete, die als Hirn der Klasse bezeichnet wurde. Denn auch das hatte mit der marxistischen Fortschrittstheorie zu tun. Die Theorie von der historischen Mission der Arbeiterklasse gehört dem Theorietyp nach zu den Legitimationstheorien „von oben" und ist deshalb strukturell dem Gottesgnadentum sehr ähnlich. Statt nein oder ja sagen zu lassen, wurde uns der Beweis geführt, daß wir, wenn wir unsere wahren Interessen kennen würden, ohnehin ja sagen müßten, also eigentlich gar nicht erst gefragt zu werden brauchen; wenn wir aber nein sagen würden, würden wir nur beweisen, daß wir keinen Durchblick haben.

Eine historische Mission kann nur mittels einer kompletten Geschichtstheorie begründet werden. Das nenne ich Legitimationsmaximalismus. Die notwendige Folge war die massenhafte Indoktrination dieser Theorie vom gesetzmäßigen Gang der Menschheitsgeschichte von der Urgesellschaft bis zum Kommunismus. Damit komme ich zum zweiten Thema.

„Verführtes Denken« heißt unser Thema. Weil ich hier mit Kant argumentiert habe, könnte der Einwand kommen: warum gerade Kant? Warum muß, wer Kant nicht akzeptiert, sich verführtes Denken nachsagen lassen? Was hier an Kant illustriert worden ist, ist aber auch ohne Kant plausibel. Reziproke intersubjektive Anerkennung ist nämlich jedem Menschen erschlossen nach der einfachen goldenen Regel: „Was du nicht willst, das man dir tu, das füg auch keinem andern zu." Dergleichen meldet sich in Sätzen wie: „so etwas darf man doch nicht tun", „so kann man doch nicht mit Menschen umgehen." Auf solche Sätze sollten wir die übliche Verachtung des „man" nicht ausdehnen. Von verführtem Denken rede ich hier deshalb, weil die große Theorie vom Menschheitsfortschritt bei nicht wenigen solche elementaren Hemmungen und Rücksichten weggedrückt hat.

In einem sozialistischen Bierlied habe ich die denkwürdige Zeile gefunden: „Wir trinken bis zum Morgenrot die kleinen falschen Zweifel tot"[6]. Andernorts trinkt man höchstens Sorgen tot (wer Sorgen hat, hat auch Likör, sagt Wilhelm Busch) und falsche Zweifel sind gar keine. Der sprachliche Unfug erklärt sich offenbar so: mir kommen da Zweifel, ob das alles so richtig ist, aber die Partei hat immer recht, also sind das falsche Zweifel. Auch dieses gehört zum verführten Denken: das Lob der Partei, die immer recht hat, in Wahrheit aber erlag sie der Unvernunft des Gruppenichs: jeder hat nur mitgemacht und keiner will's gewesen sein. Wer nun einmal von Angesicht zu Angesicht die Inhaber des Führungswissens sehen und hören will, dem geht es wie in jenem Märchen: der Kaiser ist ja nackt. Die ehemals Mächtigen können zumeist offenbar heute nicht öffentlich aussprechen, was sie damals vertreten haben. Verführtes Denken: wie viele haben denn nun in der DDR tatsächlich so gedacht, d. h. die hier in Erinnerung gerufenen Begründungen tatsächlich geglaubt? Die „kleinen falschen Zweifel" waren wohl bei sehr vielen mit im Spiel. Die 2,2 Millionen SED-Mitglieder hätten doch wie ein Mann stehen müssen, wenn sie wirklich überzeugt gewesen wären von der Richtigkeit der SED-Politik. Man könnte also sagen: so viele sind doch gar nicht verführt worden, das waren alles nur Lippenbekenntnisse mit innerem Vorbehalt.

Nein, es muß komplizierter gewesen sein. Die Verführung bestand offenbar darin, daß es zumeist gar nicht zu einem artikulierten prinzipiellen inneren Vorbehalt gekommen ist, sondern bloß zu den „kleinen falschen Zweifeln". Und das lag eben entscheidend daran, daß wir solche Zweifel nur schwer aussprechen konnten. Deshalb, denke ich, ist das Heilmittel gegen verführtes Denken auch nicht ein großes Umerziehungsprogramm – wer sollte auch dabei den Erzieher abgeben oder, mit Marx: wer erzieht den Erzieher? –, sondern der öffentliche Diskurs. Nach meinem Eindruck findet der nicht hinreichend statt. Jedenfalls können weder Talk-Shows noch Enthüllungsstories das leisten, was mir hier vor Augen steht, nämlich ein Diskurs über die Frage: was war verkehrt an diesem Sozialismus?

2. *„Wissenschaftliche Weltanschauung"*

Der Marxismus-Leninismus ist uns bekanntlich präsentiert worden als – selbstverständlich ständig schöpferisch weiterzuentwickelndes – Wissen von den Gesetzmäßigkeiten in Natur und Gesellschaft, die es zu erkennen und anzuwenden gilt. Wir haben alle noch das Lenin-Zitat im Ohr: „Der Marxismus ist allmächtig, weil er wahr ist."

Es wäre ganz interessant, hier noch einmal nachzuzeichnen, wie sich das marxistische Theorieverständnis gewandelt hat von Marx zu Lenin, nämlich vom theoretischen Ausdruck der historischen Stellung und Aufgabe des Proletariats, also vom Ausdruck des proletarischen Klassenbewußtseins zu einer von Wissenschaftlern ausgearbeiteten Theorie, die das Proletariat durch eine Partei von Berufsrevolutionären beigebracht bekommen muß. Bei dieser Gelegenheit hat übrigens das Wort „Ideologie" seine Bedeutung gewandelt von der Bedeutung „verkehrtes Bewußtsein" bei Marx zum neutralen Oberbegriff für beliebige praxisrelevante Theoriekomplexe, so daß schließlich von marxistischer oder sozialistischer Ideologie oder auch von ideologischer Arbeit die Rede sein konnte.

Ich will statt dessen auf den technizistischen Charakter des Paradigmas „Gesetzmäßigkeiten erkennen und anwenden" hinweisen. Know-how, gewußt wie, das ist der Wissenstyp des Handwerkers. Nach demselben Typ funktioniert der Verbund von mathematischen Naturwissenschaften und moderner Technik, wogegen die Naturphilosophie des Aristoteles keiner technischen Anwendung fähig war und auch nicht sein sollte. Ihr ging es bloß darum, sich in der Natur auszukennen.

Die Behauptung, es gebe eine wissenschaftliche Weltanschauung, die es uns erlaubt, die Gesetzmäßigkeiten in Natur und Gesellschaft zu erkennen und anzuwenden, ist nach meinem Eindruck für viele prinzipiell plausibel gewesen, weil das Paradigma uns aus technischen Prozessen so wohlvertraut ist; wer ein Auto repariert, geht so vor. Beim Umgang mit Lebendigem dagegen stößt dieses Paradigma schon an Grenzen. So kann man vielleicht einen Hund dressieren, und Pawlows Hunde standen ja in der DDR hoch im Kurs. Wer ein Haustier hat und nicht bloß einen Kampfhund, geht allerdings anders mit ihm um. Bedingte Reflexe sind freilich bloß Dressur, und dressierte Menschen sind manipulierte Menschen.

In rhetorischem Überschwang war zu DDR-Zeiten davon die Rede, daß sich der sozialistische Mensch „zum Subjekt seiner eigenen natürlichen und sozialen Entwicklungsgesetze" entwikkelt.[7] Bitte, wie macht man denn das? Abgesehen davon, daß es im strengen Sinne des Wortes gar keine Entwicklungsgesetze gibt, die man anwenden könnte – wie soll ich denn je die Gesetze meiner eigenen Entwicklung erkennen und anwenden können? Wer ist denn dabei „ich" – der Anwendende oder das Resultat? Wo Menschen im strengen Sinne des Wortes gesetzmäßig handeln, also ihr Tun vollständig als Wirkung einer benennbaren Ursache erklärt werden kann, handeln sie zwanghaft. Und wo Menschen so auf Menschen wirken, daß diese tun müssen, was sie eigentlich nicht wollen, sprechen wir von Manipulation oder Erpressung. „Gesetzmäßigkeiten erkennen und anwenden", nach diesem Muster lassen sich viele der Stasi-Praktiken beschreiben. Dies eben spricht diesem Deutungsmuster, auf die Menschenwelt angewendet, freilich zugleich das vernichtende Urteil.

Wissenschaften, die nach dem Muster „Gesetzmäßigkeiten erkennen und anwenden" arbeiten, liefern Know-how, d. h., sie liefern ein Wissen von Mitteln, aber kein Wissen von Zwecken. Sie liefern Verfügungswissen, nicht aber Orientierungswissen.

Ich bin in meiner Schulzeit mit Darwin traktiert worden: der Mensch stammt vom Affen ab. Daß Mensch und Affe gemeinsame Vorfahren haben, halte ich für eine plausible These. Ich habe aber nie verstanden, welche lebensleitenden Einsichten daraus folgen sollen. Wenn mir einmal ein Kalauer erlaubt ist, möchte ich sagen: Stammen Sie ruhig vom Affen ab, aber benehmen Sie sich nicht so. Die Abstammung vom Affen verpflichtet zu nichts.

Der Kalauer kann das Defizit jenes Paradigmas „Gesetzmäßigkeiten erkennen und anwenden" verdeutlichen. Wenn wir alles wüßten, was man von der Art wissen kann, wüßten wir trotzdem noch nicht, was wir tun und wollen sollen.

Die beiden Teile meines Vortrags laufen auf dasselbe hinaus. Die Verführung durch den hochmoralischen Anspruch, dem Fortschritt zu dienen, war die Erlaubnis, Menschen zum Mittel zu machen für das große Ziel. Und die Verführung durch den technizistischen Anspruch der „wissenschaftlichen Weltanschauung" war die Legitimation für einen technizistischen Umgang mit Menschen.

Wir müssen aufs neue fragen: was ist der Mensch? Ich wiederhole Kants Antwort: jeder Mensch ist ein Wesen, das keinen Preis hat, deshalb auch nicht durch ein Äquivalent ersetzt werden kann, sondern eine Würde. Und die verlangt nach Anerkennung, hier und jetzt, und nicht nach Verwendung für noch so erhabene Ziele. In einem christlichen Kinderlied geht es um dasselbe mit den schlichten Worten: „kennt auch dich und hat dich lieb", nämlich Gott. Vielleicht kann, wer dem nicht zustimmen kann, doch Kant zustimmen. Jedenfalls wird er selbst sich nicht als käufliche Ware verstehen und auch nicht als Objekt für die Anwendung von Gesetzmäßigkeiten.

1 Das Leben in den „Sozialistischen Staaten" ist nach und nach zur Normalität geworden in dem Doppelsinn, daß manches besser wurde – in Erinnerung an die Stalinzeit konnte man sagen: es war schon einmal viel schlimmer –, vieles Krumme und Verkehrte aber auch als Normalität hingenommen wurde. Wer heute das Buch des Polen Czeslaw Milosz, Verführtes

Denken (Köln, Berlin 1953) liest, findet einerseits schlimmere Zeiten erinnert, andererseits aber auch den klareren Blick fürs Verkehrte, für die verdrehte Verfassung der Opfer-Täter oder Täter-Opfer. Wahrscheinlich sind viele Polen aufgrund ihrer geschichtlichen Erfahrung auch widerstandsfähiger gegen die ideologische Verführung des Denkens als viele Deutsche.

2 Hannah Arendt, Vom Leben des Geistes, München, Zürich 1979, Bd. 2, S. 226.

3 Immanuel Kant, Grundlegung zur Metaphysik der Sitten, Akademie-Ausgabe Bd. 5, S. 434.

4 das. S. 429.

5 Immanuel Kant, Der Streit der Fakultäten (II, 6) Akademie-Ausgabe Bd. 7, S. 86f. Anm.

6 Dieses „Bierlied" (Worte: Andreas Turowski, Musik: Fred Krüger) findet sich in dem vom Zentralrat der FDJ unter Verantwortung einer neunköpfigen „Lektoratskommission" herausgegebenen Buch „Lieder der FDJ" (VEB Lied der Zeit, Musikverlag Berlin 1979), S. 214. Es ist, verkrampft locker, lächerlich pathetisch und unfreiwillig komisch zugleich, ein charakteristisches Dokument für die SED-typische sprachliche Unfreiheit.

„Wer täglich seine Sorgen hat,
weil er regiert in unserm Staat,
dem geht es nicht nur um die Wurscht,
wer tags regiert, hat abends Durscht.
  Wir sind in einem Staat geboren,
  wo Malz und Hopfen nicht verloren,
  Was trink ich, was trinkst du, was trinken wir?
  Bier, Bier, Bier.
Greif auch zum Bier, mein stiller Junge,
das Bier, das lockert manche Zunge,
Gespräch beim Bier ist produktiv
und stärkt so manches Kollektiv.
  Wir sind ...
Komm, Genosse, setzt dich her
und trink mit uns den Humpen leer!
Wir trinken bis zum Morgenrot
die kleinen falschen Zweifel tot.
  Wir sind ...
Das Bier mit seinen Kalorien
erzeugt enorme Energien
im Betrieb und auf dem Bau,
leider nicht so bei der Frau.
  Wir sind ...
Der Kneiper zapft am blanken Hahn,
auch so was geht nicht ohne Plan.

Hilf mit, daß er und Brauerei
den Plan erfülln – wir sind dabei!
Wir sind...
Ob Wernesgrüner, ob Radeberg –
die Brauerein sind Volkes Werk,
was daraus kommt, bestimmen wir,
ja, das ist unser aller Bier!
Wir sind...«

7 M. Dobler, Triebkraft Bedürfnis, Berlin 1969, S. 73.

Anhang

Diskussionsbeitrag von Richard Schröder zum abschließenden Symposion

Geht die Entfremdung, die sich zwischen West- und Ostdeutschen in den vier Jahrzehnten staatlicher Trennung vollzogen hat, so tief, daß der Prozeß des Zusammenwachsens heute der Neubildung einer Nation gleichkommt?

1970 hatte ich die erste Begegnung mit einem Studenten der 68er Generation. Er erklärte uns, die beiden deutschen Staaten könnten nie wiedervereinigt werden, da sie zwei verschiedenen Gesellschaftsordnungen zugehören. Ich habe entgegnet: die Zusammengehörigkeit einer Nation oder eines Volkes geht in 25 Jahren nicht unter. Und außerdem war ich gekränkt: ihr wollt uns also unserem Schicksal überlassen. Wie die Marxisten verhängt ihr über uns irgendeine historische Notwendigkeit und das bloß, weil ihr Ärger mit euren Eltern habt.

Im Gefolge des Zweiten Weltkriegs sind fünf Nationen geteilt worden: Deutschland, Österreich, Vietnam, China und Korea. Drei davon sind wiedervereinigt. In den anderen beiden denkt mancher an Wiedervereinigung. Daß die Zusammengehörigkeit durch 40 Jahre aufgehoben sei, habe ich aus jenen Ländern nicht gehört. Mit dem Ende des Kommunismus haben sich drei Staaten aufgelöst, die ČSFR auf friedliche Weise, die Sowjetunion auf chaotische und zum Teil blutige und Jugoslawien auf unsäglich barbarische Weise. Deutschland hat es die Einigung gebracht. Was aus Korea wird, ist noch völlig offen, aber auch dort ist der

Gedanke an eine Wiedervereinigung nicht totzukriegen, obwohl beide Staaten durch das Erbe eines Bürgerkrieges getrennt, und zwar so total getrennt sind, wie die beiden deutschen Staaten nie getrennt waren: Kontaktverbot auf beiden Seiten.

Für die Beurteilung der Schwierigkeiten bei der deutschen Einigung kommt es auf den Maßstab an. Nach weltpolitischen Maßstäben geurteilt ist die deutsche Einigung glänzend gelungen. Hier und da sind etwa in Frankreich und Großbritannien separatistische Tendenzen anzutreffen. In Deutschland gibt es auch nicht eine Spur davon. Die Deutschen sind lediglich verstimmt, nicht aber ernsthaft gespalten. Allerdings: was nicht ist, kann noch werden, wenn wir uns hinreichend ungeschickt anstellen.

Im Osten ist diese Verstimmung begründet in unerfüllten, aber auch in unerfüllbaren Erwartungen an die Einheit, in unerwarteten Schwierigkeiten und in den Desorientierungen aufgrund des Zusammenbruchs eines Staates mitsamt seiner Ideologie und damit auch einer Lebenswelt, die zumeist zwar ungeliebt, aber dennoch gewohnt war.

Im Westen begründet sich die Verstimmung in dem (mindestens vorläufigen) Ende der Zuwachsverteilungsgesellschaft, in der befremdlichen Konfrontation mit dem Sachverhalt „Nation", auf den sich die Ostler eher selbstverständlich (und nur eine verschwindend kleine, aber lautstarke Minderheit nationalistisch und rechtsradikal) beziehen und in einem verletzten „Lebensgefühl", das sich aus der Ruhe gebracht sieht und hier und da seinen Unmut mit der angeblichen Gefahr einer „Verostung" (sprich: Barbarisierung – die alte Furcht vor den Horden der Steppe?) begründet.

Wir müssen nicht erst noch eine Nation werden. Wir müssen uns aber darüber verständigen, was es für uns heißt, eine Nation zu sein oder was uns der Satz „wir sind Deutsche" bedeutet.

Ich antworte: *nichts Besonderes, aber etwas Bestimmtes*. Dieses Bestimmte ist sozusagen zweihäusig. Es hat einerseits zu tun mit einer vertrauten Lebenswelt oder Kultur, andererseits mit staatsbürgerlichen Rechten und Pflichten. Mit diesem Unterschied meine ich denselben, der der Unterscheidung von Kulturnation und Staatsnation zugrunde lag. Während aber der Ausdruck Staatsnation eine eindeutige Anzahl von Menschen in einem eindeutig abgegrenzten Gebiet bezeichnet, sind für Kulturräume fließende Übergänge charakteristisch, wenn sie nicht durch natürliche Grenzen voneinander getrennt sind. Insofern ist der Ausdruck „Kulturnation" leicht irreführend.

Dennoch: als Deutsche verbindet uns unsere gemeinsame Geschichte mit ihren Höhen und Tiefen.

Unter den Tiefen verstehe ich die geschichtliche Schuld der Deutschen. Im Zusammenhang mit der deutschen Einigung konnte man an Berliner Wänden lesen: „Nie wieder Deutschland" und „Deutschland muß sterben, damit wir leben können." Dahinter steht wohl die Überzeugung: „Nach Auschwitz haben wir das Recht verwirkt, Deutsche zu sein." Andere möchten sich von dieser Hypothek befreien mit der Lüge von der Auschwitzlüge, damit sie sagen können: „Ich bin stolz ein Deutscher zu sein." Dagegen muß man sagen: es steht gar nicht gänzlich in unserer Macht, zu entscheiden, ob wir Deutsche sein wollen oder nicht. Unsere Nachbarn sprechen uns das zu, und zwar den Westlern wie den Ostlern. Im besonderen sehen die Nachfahren der Opfer in uns die Nachfahren der Täter. In diesem Sinne, nicht im Sinne persönlicher Schuld, sind wir verbunden mit dem, was unsere Eltern getan oder zugelassen haben.

Die geschichtliche Schuld der Deutschen können wir nicht dadurch tilgen, daß wir uns als Nation tilgen. Andererseits kann diese geschichtliche Schuld auch kein nationales Zusammengehören stiften. Sowenig geschichtliche Schuld eine Nation tilgt, sowenig kann sie sie konstituieren. Wohl aber kann gesagt werden: die Anstrengungen, die die deutsche Einigung verlangt, sind Spätfolgen des von Deutschland begonnenen und verlorenen Zweiten Weltkriegs, Anstrengungen auf dem Weg zu einem normalen Zusammenleben unseres Volkes mit seinen Nachbarn.

Ich weiß, daß viele entsetzt sind, wenn ich hier behaupte, uns Deutsche verbinde die deutsche Kultur. Den einen riecht das nach lächerlicher oder sogar gefährlicher Deutschtümelei, die anderen erklären: was sie brauchten, um sich wohl zu fühlen, wie zum Beispiel Coca Cola und Disco, fänden sie in allen

Ländern. Sie definieren sich offenbar durch ihre Bedürfnisse, und das finde ich ziemlich abgeschmackt. Ich jedenfalls möchte den Ort, an dem ich lebe, ernster nehmen, seine Sprache, die durch sie erschlossenen Überlieferungen, und bis ich einen besseren Ausdruck finde, nenne ich das eben die deutsche Kultur. Sie ist noch nie eine unwandelbare Substanz gewesen, die wir als „Deutschtum" rein zu erhalten hätten; so denken nur kleinliche und ängstliche Gemüter. Die deutsche Kultur war immer eine europäische, sie ist selbst ein Austausch-und Begegnungsprodukt und nicht der Ausdruck eines pseudometaphysischen Volksgeistes. Sie wird sich weiter wandeln durch Zuwanderer. Sie wird sich ändern, aber dennoch etwas Bestimmtes sein. Der Bezug auf Überlieferung ist ja immer nur lebendig, wenn er kritisch ist. Kultur kommt von colere, pflegen und wie der Gärtner hier wachsen läßt, dort aber beschneidet oder ausjätet, so müssen wir auch mit unserer Überlieferung umgehen. Aber wie ein Mensch bei Gedächtnisverlust seine Handlungsfähigkeit verliert, so verliert eine Gemeinschaft ihre Handlungsfähigkeit, wenn sie ihre Geschichte und Tradition tilgt, statt sie zu sortieren.

Der Bezug auf unsere kulturellen Traditionen konstituiert uns nicht als Nation. Sie sind ja auch gar nicht „deutsch" in einem streng geographischen Sinne. Mozart hat im heutigen Österreich gelebt, Homer in der heutigen Türkei, Jesus von Nazareth in Palästina usw., und all dies gehört auch zu den Überlieferungen, auf die wir bezogen sind. Dennoch ist dieser Überlieferungsbestand etwas, das uns verbindet, in einem vorstaatlichen und vorrechtlichen Sinne.

Deshalb muß der zweite Aspekt, der der Staatsnation, unbedingt den Vorrang haben. „Wir sind Deutsche" heißt: wir sind in einem gemeinsamen Staatswesen als Bürger vereint, denen ohne Ansehen der Person, der Hautfarbe oder Rasse, der Religion oder der Überzeugung dieselben Rechte und Pflichten zukommen. Die Staatsnation wird durch das Recht und nicht durch die Kultur, auch nicht durch Blut und Boden konstituiert.

Die Zugehörigkeit zur Staatsnation beteiligt an den gemeinsamen Angelegenheiten nach der Zuständigkeitsordnung der Verfassung und stiftet eine gemeinsame Haftung für das, was in unserem Lande geschieht.

Auf die Frage: Wer ist Deutscher? muß deshalb die korrekte Antwort lauten: wer die deutsche Staatsbürgerschaft besitzt. Sie wird durch Geburt erworben oder auf Antrag verliehen. Das deutsche Staatsbürgerrecht ist reformbedürftig. Ich akzeptiere, daß aufgrund der Gebietsverluste Deutschlands nach dem Ersten und dem Zweiten Weltkrieg das deutsche Staatsbürgerrecht berücksichtigte, daß viele, die sich als Deutsche verstanden, außerhalb Deutschlands lebten. Es ist aber heute jedenfalls absurd, daß jemand, der kaum die deutsche Sprache beherrscht, aufgrund seiner Abstammung die Rechte eines deutschen Staatsbürgers geltend machen kann, während andere, die in Deutschland geboren sind und hier leben und deshalb im Herkunftsland ihrer Eltern als Deutsche gelten, die größten Schwierigkeiten haben, die deutsche Staatsbürgerschaft zu erwerben.

Zum Erwerb der deutschen Staatsbürgerschaft sollten zwei Bedingungen genügen: der Beantragende muß sich in unserem Lande zurechtfinden können, und er muß den Willen aufbringen, zu dieser Gemeinschaft oder Gesellschaft zu gehören. Und die Gesellschaft muß Integrationsbereitschaft aufbringen. Sie muß das nicht nur aus Menschenliebe, sondern einfach deshalb, weil Deutschland auf Zuwanderung angewiesen ist. Im übrigen hat Deutschland viele Zuwanderungen erlebt und davon profitiert.

Der Ausdruck „Verfassungspatriotismus“ gehört in den Zusammenhang der Staatsnation. Er meint: wir sollten bei allen bestehenden Differenzen und allem – zum Teil zweifellos berechtigten – Unbehagen an der bundesrepublikanischen Wirklichkeit jedenfalls das Grundgesetz als das uns Verbindende bejahen. Darüber gibt es nach meinem Eindruck einen breiten Ost-West-Konsens. Man hört im Osten viel Politikschelte und Politikerschelte, aber keine Demokratieschelte. Der Ausdruck „Verfassungspatriotismus“ kann aber auch als ausdrückliche Absage an den Zusammenhang verstanden werden, den wir mit dem Begriff der „Kulturnation“ beschrieben haben, als Flucht vor der Tatsache, ein Vaterland haben zu müssen, eine ordinäre Volkszugehörigkeit mit Ecken und Kanten und Verlegenheiten, als Flucht ins Menschheitspathos oder auch als Flucht vor der Nächstenliebe in die Fernstenliebe. Vielleicht ist dergleichen leider typisch deutsch: die Pflege und Feier der privaten Nahbeziehungen – das unübersetzbare deutsche Wort „Gemütlichkeit" gehört hierher – und dann der Sprung ins Menschheitspathos, etwa mit Schiller: „Seid umschlungen, Millionen, diesen Kuß der ganzen Welt" – was bekanntlich physisch unmöglich ist. Die mittlere Ebene, die Zugehörigkeit zu einer Nation, wie sie nun einmal ist und wie ich sie mir vielleicht freiwillig so nicht gewählt hätte, erscheint dann als Erdenrest, zu tragen peinlich. Das hat seine Gründe. Die „verspätete Nation" war der Gefahr des Nationalismus sowohl im Zweiten wie im Dritten Reich furchtbar erlegen. Die Bundesrepublik haben manche als postnationalen Staat begriffen. Die DDR hat sich schließlich als „sozialistische Nation" verstanden und sich auf diese Weise sowohl aus der Mitverantwortung für die deutsche Geschichte als auch aus dem Zusammenhang der deutschen Nation hinausgestohlen.

Unsere Aufgabe ist jetzt: eine Nation unter Nationen zu sein, nichts Besonderes, aber etwas Bestimmtes, bewußt und gewollt eingefügt in den europäischen Zusammenhang und auch in den der Vereinten Nationen ohne den Dünkel, etwas ganz Besonderes, Mitglied unter Sonderbedingungen zu sein (wovon bei Beitritt zur UNO nicht die Rede war). Wir müssen nun, nach der deutschen Einigung, lernen, Verantwortung wahrzunehmen in einem System konzentrischer Kreise, von den privaten Beziehungen bis zu der planetarischen Schicksalsgemeinschaft der Menschheit, deren jeder Kreis seine eigentümlichen Verbindlichkeiten konstituiert und sein eigenes Recht hat. Einer dieser Kreise ist Deutschland, die deutsche Nation, unser Vaterland.

Die Autorinnen und Autoren

Peter Bender, geb. 1923 in Berlin, Dr. phil. (Alte Geschichte). Seit 1954 Journalist, seit 1970 Berlin-Korrespondent des WDR. 1968–69 beim Internationalen Institut für Strategische Studien in London, 1973–1975 ARD-Korrespondent (Hörfunk) in Warschau. Veröffentlichungen (Auswahl): Offensive Entspannung. Möglichkeit für Deutschland, Köln 1964; Das Ende des ideologischen Zeitalters. Die Europäisierung Europas, Berlin 1981; Neue Ostpolitik. Vom Mauerbau bis zum Moskauer Vertrag, München 1986; Deutsche Parallelen, Berlin 1989; Unsere Erbschaft. Was war die DDR – was bleibt von ihr? Hamburg 1992.

Rainer Eppelmann, geb. 1943 in Berlin, Mauerbau beendete den Besuch der Oberschule in Westberlin, Maurerlehre, Verweigerung des Waffendienstes, „Bausoldat", wegen Gelöbnisverweigerung mit 8 Monaten Haft bestraft. Predigerseminar Paulinum in Berlin, ab 1974 Pfarrer in der Samariter-Gemeinde in Ostberlin, die eine der Zentren der Friedensbewegung, Menschenrechts- und Ökologiegruppen war. 1982 zusammen mit Robert Havemann Herausgeber des „Berliner Appells": „Frieden schaffen ohne Waffen", Mitbegründer des Demokratischen Aufbruchs (DA), Minister ohne Geschäftsbereich in der Regierung Modrow, Minister für Verteidigung und Abrüstung im Kabinett de Maizière. Seit Sept. 1990 in der CDU, Bundestagsdirektmandat für die CDU im Wahlkreis Strausberg-Seelow-Fürstenwalde, Vorsitzender der „Enquête-Kommission zur Aufarbeitung der Geschichte und der Folgen der SED-Diktatur in Deutschland".

Jürgen Fuchs, geb. 1950 in Reichenbach/Vogtland, Abitur, 1 ½ jähriger Wehrdienst bei der NVA, von 1971 bis 1975 Studium der Sozialpsychologie in Jena. Erste Veröffentlichungen von Prosa und Lyrik ab 1971 in der DDR. Freundschaft mit Wolf Biermann, Robert Havemann und Reiner Kunze. Ab 1975 Lese- und Publikationsverbot, Ausschluß aus FDJ und SED, Exmatrikulation wenige Tage vor Abschluß des Studiums wegen „Schädigung des Ansehens der Universität in der Öffentlichkeit". 1976 erste Veröffentlichungen in der Bundesrepublik, nach Protest gegen die Ausbürgerung von Wolf Biermann bis August 1977 in Stasi-Untersuchungshaft, Abschiebung ohne Prozeß nach Berlin West, bis Ende 1989 vom DDR-Staat als „feindlich-negativer Schriftsteller mit Zersetzungsmaßnahmen bearbeitet". Veröffentlichungen: „Gedächtnisprotokolle" (1977), „Vernehmungsprotokolle" (1978), „Tagesnotizen. Gedichte" (1979), „Pappkameraden. Gedichte" (1981), „Fassonschnitt" (1984), „Einmischung in eigene Angelegenheiten" (1984), „Das Ende einer Feigheit"

(1988), „Gäste kommen und gehen oder Der Verkauf der Landeskinder. Ein Stück“ (1989), „... und wann kommt der Hammer? Essays“ (1990), „Dummgeschult? Ein Gespräch“ (1992).

Peter Merseburger, geb. 1928 in Zeitz/Sachsen-Anhalt, Studium der Germanistik, Soziologie und Politikwissenschaften in Halle/Saale und ab 1947 in Marburg/Lahn; Journalist bei Tageszeitungen, 1960–1965 „Der Spiegel“ (Leiter Büro Berlin, dann Brüssel), 1966–1977 Leiter und Moderator von „Panorama“, Chefredakteur Fernsehen des NDR, 1977–1991 Leiter der ARD-Studios Washington, Ostberlin und London. Veröffentlichungen u. a.: „Die unberechenbare Vormacht – wohin steuern die USA?“, 1983, C. Bertelsmann; „Grenzgänger – Innenansichten der anderen deutschen Republik“, 1988, C. Bertelsmann. Vortrag „Deutsche Lektionen“, in: Nachdenken über Deutschland, Verlag der Nation 1991. Zahlreiche Features für das Fernsehen, u. a. Weimar. Klassik, Kult und Stacheldraht (deutsche Vergangenheit in Weimar), 1993. Auszeichnungen: Jakob-Kaiser-Preis 1986 (für das das Feature: Luther, Friedrich, Bismarck und die Genossen [zur Geschichtsauffassung der DDR]); Fritz-Sänger-Preis 1991 (für kritischen Journalismus).

Richard Schröder, 1943 in Frohburg/Sachsen geboren. Antrag auf Aufnahme in die Oberschule mit dem Berufsziel „Theologie“ abgelehnt, „Vorschule für den kirchlichen Dienst“ (kein staatlich anerkanntes Abitur), Studium der Theologie und Philosophie an den kirchlichen Hochschulen in Naumburg und Berlin, Vikariat, Pfarrer, 1977 staatlich nicht anerkanntes kirchliches Promotionsverfahren (Anerkennung 19. 9. 1990), 1977–1990 Dozent des kirchlichen Lehramts am Sprachenkonvikt und am Katechetischen Oberseminar. 1988/89 Mitarbeit bei der „Ökumenischen Versammlung für Gerechtigkeit, Frieden und Bewahrung der Schöpfung“, 20. 12. 1989 Beitritt zur SPD, ab 2. 1. 1990 Mitarbeit an der Arbeitsgruppe „Neue Verfassung“ des Runden Tisches, 18. 3. 1990–18. 12. 1990 Mitglied der Volkskammer der DDR und Mitglied des Bundestages. April bis August 1990 Fraktionsvorsitzender der SPD in der Volkskammer. Seit dem 1. 3. 1991 Lehrtätigkeit an der Theologischen Fakultät der Humboldt-Universität zu Berlin. 24. 6. 1991 Habilitation an der Kirchlichen Hochschule Leipzig. 25. 6. 1992 Dr. h.c. der Theologischen Fakultät der Universität Göttingen. Seit 3. 10. 1990 Mitglied der Grundwertekommission der SPD. Seit 8. 11. 1991 Mitglied des Rates der Evangelischen Kirche in Deutschland. Veröffentlichungen (ohne theologische Schriften): Denken im Zwielicht. Vorträge und Aufsätze aus der Alten DDR, Tübingen 1990; Deutschland schwierig Vaterland. Freiburg 1993. Zahlreiche Aufsätze.

Helga Schubert, 1940 in Berlin geboren, überwiegend in Ostberlin gelebt, seit 1991 in einem mecklenburgischen Dorf – nach dem Abitur ein Jahr Fabrikarbeiterin, dann Studium der Psychologie an der Humboldt-Universität, von 1963–1977 hauptberuflich und von 1977–1987 nebenberuflich klinische Psychologin, seit 1977 freiberufliche Schriftstellerin. Seit 1960 Gedichte und Erzählungen, die ersten 15 Jahre nicht zur Veröffentlichung gegeben; 1975 „Lauter Leben“ (31 Erzählungen mit einem Nachwort von Sarah Kirsch – eine Auswahl auch im Luchterhand-Verlag), danach erschienen die Erzählbände immer zuerst in der Bundesrepublik, 1982 „Das verbotene Zimmer“, 1990 „Judasfrauen“, Essays, Hörspiele, Fernsehporträts und Filmszenarien. 1980 Einladung zum Ingeborg-Bachmann-Wettbewerb, Verbot der Teilnahme durch DDR-Behörden. 1983 Nominierung zum Fallada-Preis/Neumünster, Verbot der Annahme durch DDR-Behörden. 1986 Heinrich-Mann-Preis der Akademie der Künste. 1987–90 Mitglied der Jury des Ingeborg-Bachmann-Wettbewerbs/Österreich. 1991 Austritt aus dem PEN-Zentrum der ehem. DDR und Zuwahl in den bundesdeutschen PEN. Nie Mitglied einer Partei – von Dez. 1989 bis März 1990 Pressesprecherin des Zentralen Runden Tisches/Berlin – von 1975 bis September 1989 von Spitzeln des Staatssicherheitsdienstes beobachtet und wie aus Akteneinsicht hervorgeht als politisch feindlich-negativ eingestuft. Mai 1991 Dr. h. c. der Purdue-University/USA.

Wolfgang Thierse, Kulturwissenschaftler/Germanist. Geboren am 22. Oktober 1943 in Breslau. Nach dem Abitur Lehre und Arbeit als Schriftsetzer in Weimar. Seit 1964 in Berlin Studium an der Humboldt-Universität, wissenschaftlicher Assistent im Bereich Kulturtheorie/Ästhetik der Berliner Universität bis 1975. Danach Mitarbeiter im Ministerium für Kultur der DDR. Seit Januar 1977 wissenschaftlicher Mitarbeiter an der Akademie der Wissenschaften der DDR, im Zentralinstitut für Literaturgeschichte. Bis Ende 1989 parteilos. Anfang Oktober 1989 Unterschrift beim Neuen Forum. Anfang Januar 1990 Eintritt in die SPD; Juni bis September 1990 Vorsitzender der SPD in der DDR. Seit September 1990 stellvertretender Vorsitzender der SPD. Vorsitzender der Grundwertekommission der SPD. Mitglied der Volkskammer vom 18. März bis 2. Oktober 1990, stellvertretender Fraktionsvorsitzender, zuletzt Fraktionsvorsitzender. Mitglied des Bundestages seit 3. Oktober 1990; stellvertretender Vorsitzender der SPD-Fraktion. Veröffentlichungen u. a.: „Ästhetische Grundbegriffe“ (zus. mit K. Barck, M. Fontius), Berlin 1990. „Mit eigener Stimme sprechen“, München 1992. „Deutsche Aussichten. Die Republik im Übergang“ (zus. mit M. Müller), Bonn 1992.

Buchanzeigen

Politik und Zeitgeschehen

Thomas Assheuer / Hans Sarkowicz
Rechtsradikale in Deutschland
Die alte und die neue Rechte
2., aktualisierte Auflage. 1992.
258 Seiten. Paperback
Beck'sche Reihe Band 428

Claus Leggewie
Druck von rechts
Wohin treibt die Bundesrepublik?
1993. 168 Seiten mit 7 Abbildungen und 2 Tabellen.
Paperback
Beck'sche Reihe Band 1017

Klaus Farin / Eberhard Seidel-Pielen
Skinheads
1993. 228 Seiten mit 32 Abbildungen. Paperback
Beck'sche Reihe Band 1003

Stefan Brunner
Deutsche Soldaten im Ausland
Fortsetzung der Außenpolitik mit militärischen Mitteln?
1993. 258 Seiten. Paperback
Beck'sche Reihe Band 1040

Hans Wassmund
Die gescheiterte Utopie
Aufstieg und Fall der UdSSR
1993. 165 Seiten. Paperback
Beck'sche Reihe Band 388

Verlag C. H. Beck München